RELATION
DE CE
QVI S'EST PASSE'

en la Miſſion des Peres de la Compagnie de Iesvs, aux Hurons, & aux païs plus bas de la Nouuelle France, depuis l'Eſté de l'année 1649. juſques à l'Eſté de l'année 1650.

Enuoyée

AV R. P. CLAVDE DE LINGENDES,
Prouincial de la Compagnie de Iesvs,
en la Prouince de France.

Par le R. P. PAVL RAGVENEAV, Superieur des Miſſions de la Compagnie de Iesvs en la Nouuelle France.

A PARIS,

Chez
{
SEBASTIEN CRAMOISY,
Imprimeur ordinaire du Roy,
& de la Reyne Regente.
ET
GABRIEL CRAMOISY,
}

M. DC. LI.

AVEC PRIVILEGE DV ROY.

TABLE
DES CHAPITRES

CONTENVS EN CETTE
Relation.

RELATION *de ce qui s'est passé en la Mission des Peres de la Compagnie de* IESVS, *aux Hurons, pays de la Nouuelle France, depuis l'Esté de l'année* 1649. *iusqu'à l'Esté de l'année* 1650. pag. I.

Table des Chapitres.

RELATION

RELATION

DE CE QVI S'EST
PASSE' EN LA MISSION
DES PERES DE LA COMPAGNIE
de IESVS, aux Hurons, païs de
la Nouuelle France, depuis l'Esté
de l'année 1649. iusqu'à l'Esté de
l'année 1650.

Au R. P. CLAVDE DE LINGENDES,
Prouincial de la Compagnie de IESVS
en la Prouince de France.

ON R. PERE,

PAX CHRISTI.

Ce n'est plus du païs des Hurons, que i'ad-
dresse à vostre Reuerence la Relation de ce
qui s'y est passé. Cette pauure Eglise naissante

qui parut il y a vn an, toute couuerte de
son sang, opprimée sous la cruauté des Iroquois, ennemis du nom de Dieu & de la Foy;
a du depuis continué plus que iamais dans ses
souffrances : La plus grande part de nos bons
Neophytes, & quelques-vns de leurs Pasteurs ont suiuy le chemin des premiers, au
milieu des feux & des flammes, & maintenant sont dans le Ciel de compagnie. Vne famine espouuentable qui a regné par tout, y
a mis la desolation. Nous comptons plus de
trois mille baptizez cette derniere année :
mais le nombre des morts est plus grand que
de ceux qui ont suruescu à la ruine de leur
Patrie. Les choses estant reduites à l'extremité, nous nous sommes veus obligez de
quitter enfin vne place qui n'estoit plus te-
nable, pour en sauuer au moins les restes. Ce
fut le dixiesme iour du mois de Iuin dernier,
que nous sortismes de ces terres de Promis-
sion, qui estoient nostre Paradis, & où la
mort nous eust esté mille fois plus douce, que
ne sera la vie en quelque lieu que nous puis-
sions estre. Mais il faut suiure Dieu, &
il faut aimer ses conduites, quelques oppo-
sées qu'elles paroissent à nos desirs, à nos
plus saintes esperances, & aux plus tendres
amours de nostre cœur. En vn mot, nous

sommes descendus à Kebec , auec quelques familles Chrestiennes de ces pauures Sauuages, qui ont suiuy nostre retraite ; auec lesquels nous tascherons de former , à l'abry du fort de nos François , vne Colonie Huronne, s'il plaist à Nostre Seigneur de benir leurs desseins & les nostres. Vostre Reuerence verra le tout en détail, dans cette Relation , que ie luy addresse, la suppliant de nous procurer les prieres de tous ceux qui ont quelque amour pour ces peuples. Nous en auons vn plus grand besoin que iamais:

Mon Reuerend Pere,

De Kebec, ce premier
de Septembre 1650.

Vostre tres-humble & obeïssant
Seruiteur & sujet en N. S.
PAVL RAGVENEAV.

A ij

CHAPITRE I.

Du transport de la maison de saincte Marie dans l'Isle de S. Ioseph.

EN suite des victoires sanglantes, que remporterent les Iroquois sur nos Hurons, au commencement du Printemps de l'an passé 1649. & en suite des barbaries plus qu'inhumaines qu'ils exercerent à l'endroit de leurs captifs de guerre, & des cruels tourmens qu'ils firent souffrir impitoyablement au Pere Iean de Brebeuf, & au Pere Gabriel Lallemant, Pasteurs de cette Eglise vrayement souffrante; la terreur s'estant iettée sur les bourgades voisines, qui redoutoient vn semblable malheur; tout le païs se dissipa: Ces pauures peuples desolez ayans quitté leurs terres, leurs maisons, & leurs bourgades, & tout ce qu'ils auoient de plus cher en ce monde, pour fuïr la cruauté d'vn ennemy qu'ils craignoient plus que mille morts, & que tout ce qui restoit deuant leurs yeux, capable d'espouuanter des personnes desia

miserables. Plusieurs n'esperans plus
d'humanité parmy les hommes, se iet-
terent dans l'espaisseur des bois, pour y
trouuer la paix, quoy qu'auec les bestes
feroces. Les autres se retirerent sur des
rochers affreux, au milieu d'vn grand
Lac, qui a prés de quatre cent lieuës de
circuit; aymans mieux mourir dans les
eaux, & dans les precipices, que dans le
feu des Iroquois. Vn bon nombre, ayans
pris party parmy les peuples de la Nation Neutre, & dans le sommet des
Montagnes que nous nommons la Nation du Petun; ceux qui restoient les plus
considerables nous inuiterent à nous
ioindre auec eux, & de ne pas fuïr si loin;
esperans que Dieu prendroit leur cause
en main, lors qu'elle seroit deuenuë la
nostre, & qu'il auroit soin de leur deffense s'ils auoient soin de le seruir : Nous
promettans pour cét effet, de se faire tous
Chrestiens, & d'estre fideles à la foy iusqu'à la mort, qu'ils voyoient armée de
tous costez pour les exterminer.

C'estoit iustement ce que Dieu demandoit de nous, en des temps de desolation, de fuyr auec les fuyans, de les suiure par tout où leur foy les suiuoit, & de

ne pas negliger aucun de ces Chreſtiens: quoy qu'il fuſt conuenable d'arreſter le gros de nos forces, où le gros de ces fugitifs prendroient deſſein de s'arreſter, C'eſt la concluſion que nous priſmes ayans recommandé l'affaire à Dieu.

Nous détachaſmes quelques-vns de nos Peres, pour faire quelques Miſſions volantes; les vns dans vn petit canot d'écorce, pour voguer ſur les coſtes, & viſiter les Iſles les plus eſloignées de ce grand Lac; à ſoixante, quatre-vingts, & cent lieuës de nous. Les autres prirent leur chemin par terre, trauerſans la profondeur des bois, & grauiſſans la cime des montagnes. En quelque endroit que nous marchions, Dieu eſtant noſtre conducteur, noſtre deffenſe, nos eſperances, & noſtre tout; qui a t'il a craindre pour nous?

Mais il fallut, à tous tant que nous eſtions, quitter cette ancienne demeure de ſaincte Marie; ces edifices, qui quoy que pauures, paroiſſoient des chef-d'œuures de l'art, aux yeux de nos pauures Sauuages; ces terres cultiuées qui nous promettoient vne riche moiſſon. Il nous fallut abandonner ce lieu, que ie puis

appeller noſtre ſeconde Patrie, & nos
delices innocentes ; puis qu'il auoit eſté
le berceau de ce Chriſtianiſme, qu'il
eſtoit le temple de Dieu, & la maiſon
des ſeruiteurs de Ieſus-Chriſt, & crainte
que nos ennemis trop impies, ne profa-
naſſent ce lieu de ſainἐteté , & n'en priſ-
ſent leur auantage ; nous y miſmes le feu
nous meſmes, & nous viſmes bruſler à
nos yeux , en moins d'vne heure , nos
trauaux de neuf & de dix ans.

C'eſtoit ſur les cinq a ſix heures du ſoir,
le quatorzieſme iour du mois de Iuin,
qu'vne partie de nous monta ſur vn petit
vaiſſeau que nous auions baſty : Ie me
iettay auec la plus grande part des autres, ſur des arbres de cinquante à ſoixante pieds de longueur, que nous auions
abatus dans les bois, & que nous traiſ-
naſmes dans l'eau , les lians tous enſemble, pour nous faire vn plancher flottant
ſur cet element infidelle, comme autrefois nous auions veu qu'en France on
conduiſoit le bois flotté deſſus les eaux.
Nous voguaſmes toute la nuiἐt ſur noſtre grand Lac, à force de bras & de ra-
mes ; & le temps nous eſtant fauorable,
nous abordaſmes heureuſement au bout

A iiij

de quelques iours, dans vne Ifle où les Hurons nous attendoient, & qui eſtoit le lieu où nous auions pris le deſſein de nous reünir tous enſemble, pour en faire vne Ifle Chreſtienne.

Dieu ſans doute nous conduiſoit en ce voyage : car lors meſme que nous coſtoyons ces terres abandonnées ; l'ennemy eſtoit en campagne, & fit ſon coup le lendemain, ſur quelques familles Chreſtiennes, qu'il ſurpriſt durant leur ſommeil, ſur le chemin que nous auions tenus ; maſſacrant les vns ſur la place ; les autres furent emmenez captifs.

Les Hurons qui nous attendoiét dans cette Ifle, appellée l'Ifle de Saint Ioſeph, y auoient ſemé leur bled d'Inde : mais les ſechereſſes de l'Eſté eſtoient ſi exceſſiues, qu'ils perdoient l'eſperance de leur moiſſon, ſi le Ciel ne leur donnoit quelque pluye fauorable. Ils nous prierent à noſtre abord d'obtenir cette faueur pour eux. Nos prieres furent exaucées le meſme iour, quoy qu'il n'y euſt auparauant aucune apparence de pluye.

Ces grands bois, qui depuis la Creation du monde, n'auoient point eſté abbatus de la main d'aucun homme, nous

receurent pour hoftes ; & la terre nous
fournit, fans la creufer, la pierre & le ci-
ment qu'il nous falloit, pour nous fortifier contre nos ennemis. En forte que
Dieu mercy nous nous vifmes en eftat de
tres-bonne deffenfe, ayant bafty vn petit
fort, fi regulierement qu'il fe deffendoit
facilement foy-mefme, & qui ne crai-
gnoit point, ny le feu, ny la fappe, ny
l'efcalade des Iroquois.

De plus , nous mifmes la main pour
fortifier le bourg des Hurons, qui ioi-
gnoit à noftre habitation:nous leur dref-
fames des baftions, qui en deffendoient
les approches ; eftans dans le deffein de
prefter & les forces, & les armes, & le
courage de nos François,qui euffent ex-
pofé tres-volontiers leur vie , pour vne
deffenfe fi raifonnable,& fiChreftienne:
ce bourg eftant vrayement Chreftien,&
le fondement du Chriftianifme refpan-
du en toutes ces contrées.

CHAPITRE II.

De la Miſsion de ſainct Ioseph.

CEtte Ifle dans laquelle nous auions
tranfporté la maifon de Sainte Ma-

rie, ayant le nom de Saint Ioseph Patron
de ces Païs; les Sauuages qui s'y estoient
retirez, composoient la Mission qui portoit le mesme nom. Le bourg Huron
auoit plus de cent cabanes, dont vne seule contenoit les huit & dix familles, qui
font soixante & quatre-vingt personnes.
Outre cela, il y auoit çà & là dans la
Campagne, quelques cabanes plus esloignées; qui toutes ont donné de l'employ
aux Peres qui ont eu le soin de cette Mission : sur laquelle Dieu a versé ses benedictions, à proportion des Croix qu'il y
a enuoyé.

La famine y a esté extreme. Non pas
que les terres qu'on y auoit ensemen-
cées, n'eussent rendu auec l'vsure que
l'on desiroit, & bien au delà du centu-
ple, ce qu'on leur auoit confié : mais à
cause que de dix familles, à peine y en
auoit il vne seule qui eust pû vacquer aux
trauaux, qui sont necessaires, pour se faire vn champ de bled d'Inde, en vn lieu,
qui lors que l'on y aborda n'estoit qu'vne
espaisse forest, qui n'auoit rien de dispo-
sé pour le labour. La pluspart de ces
pauures exilez dans leur propre païs,
auoient passé tout l'Esté, & vne partie de

l'Automne, a viure dans les bois, de racines & de fruits fauuages; & à pefcher
çà & là, fur les Lacs & fur les Riuieres,
quelques petits poiffons, qui feruoient
plus pour reculer vn peu leur mort, que
pour contenter leur vie. L'hyuer eftant
venu, qui a couuert la terre de trois &
quatre pieds de neige, & qui a glacé tous
les Lacs & toutes les Riuieres; tout ce
ramas de môde s'eftant rangé proche de
nous, fe vit incontinent dans la neceffité,
& dans l'extremité de la mifere; n'ayans
fait, ny pû faire aucune prouifion.

Ce fut alors que nous fufmes contrains de voir des fqueletes mourantes,
qui fouftenoient vne vie miferable, man-
geant iufqu'aux ordures, & les rebuts de
la nature. Le gland eftoit à la plus-part,
ce que feroiét en France les mets les plus
exquis. Les charognes mefme deterrées,
les reftes des Renards & des Chiens, ne
faifoient point d'horreur, & fe man-
geoient, quoy qu'en cachete: Car quoy
que les Hurons, auant que la foy leur
euft donné plus de lumiere, qu'ils n'en
auoient dans l'infidelité, ne creuffent pas
commettre aucun peché de mâger leurs
ennemis, auffi peu qu'il y en a de les tuer,

Toutefois ie puis dire auec verité, qu'ils n'ont pas moins d'horreur de manger de leurs compatriotes, qu'on peut auoir en France de manger de la chair humaine. Mais la neceffité n'a plus de loy, & des dents fameliques ne difcernent plus ce qu'elles mangent. Les meres fe font repeuës de leurs enfans, des freres de leurs freres, & des enfans ne reconnoiffoient plus en vn cadavre mort, celuy lequel lors qu'il viuoit, ils appelloient leurPere.

Nous auons tafché de foulager vne partie de ces miferes : mais quoy qu'en ces aumofnes, nous ayons efté peut-eftre au delà de ce que la Prudence euft demandé de nous, toutefois le mal eftant fi public, & tout le monde ne pouuant pas eftre fecouru efgalement de nous; nous auons efté contraints de voir de nos yeux vne partie de ces fpectacles, qui nous faifoient horreur.

Ceux qui auoient dequoy parer aucunement à la famine, fe virent attaquez d'vne maladie contagieufe, qui en emporta vn grand nombre ; mais particulierement des enfans.

La Guerre auoit defia fait fes rauages : non feulement dans la defolation arri-

uée l'Hyuer precedent;mais en quantité
de massacres, qui estoient suruenus tout
le long de l'Esté, en terre ferme, aux en-
uirons de cette Isle; où la pauureté con-
traignoit quantité de familles d'aller
chercher aussi-tost la mort que la vie,
dans des campagnes abandonnées à la
fureur des ennemis. Mais afin que rien
ne manquast aux miseres d'vn peuple affligé; tous les iours, & toutes les nuits
de l'Hyuer, ce n'estoient que des nuits
d'horreur, dãs les craintes & dans les at-
tétes où ils estoiét sans cesse d'vne armée
ennemie d'Iroquois,dont ils auoient eu
aduis; qui (disoit-on,)deuoit venir nous
enleuer cette Isle, & exterminer auec
nous les restes d'vn païs tirant à sa fin.
Voila vne face d'affaire bien deplorable:
mais ce fut au milieu de ces desola-
tions, que Dieu prit plaisir de tirer le
bien de ces peuples, de leur plus grand
malheur. Leur cœur se trouuoit si docile
à la foy, que nous faisions dans leurs es-
prits plus en vne parole, que iamais nous
n'auions pû faire en des années toutes
entieres. Ces pauures gens mourans de
faim, venoient eux-mesmes nous trouuer, & nous demander le Baptesme; se

côfolans des efperãces du Paradis, qu'ils voyoient auffi proches d'eux, qu'eftoit la mort, qu'ils portoient dans leur fein.

Vne mere s'eft veuë, n'ayant que deux mammelles, mais fans fuc & fans laict, qui toutefois eftoit l'vnique chofe qu'elle eut pû prefenter à trois ou quatre enfans, qui pleuroient y eftans attachez: Elle les voyoit mourir entre fes bras, les vns apres les autres, & n'auoit pas mefme les forces de les pouffer dans le tombeau. Elle mouroit fous cette charge, & en mourant elle difoit, Ouy, Mon Dieu, vous eftes le maiftre de nos vies : nous mourrons puifque vous le voulez; voila qui eft bien que nous mourrions Chreftiens. I'eftois damnée, & mes enfans auec moy, fi nous ne fuffions morts miferables, ils ont receu le fainct Baptefme, & ie croy fermement que mourans tous de compagnie, nous refufciterons tous enfemble.

Vne autre mere fe voyant mourir la premiere, auec autant de paix que fi elle eût entré dans vn doux fommeil, laiffoit deffus fon fein deux pauures orphelins, qui continuoient de la fuccer apres fa mort, & qui mouroient deffus leur me-

re, aussi paisiblement, qu'ils s'y estoient
autrefois endormis , lors qu'ils en tiroient & le laict , & la vie.

Plusieurs en expirant recommandoient
leur ame à Dieu, d'autres disoient à leurs
enfans, qu'ils ne songeassent rien qu'à
luy, puisque luy seul seroit leur Pere dedans l'eternité. Quelques-vns ayant ven-
du pour vn repas de gland boüilly dans
l'eau, l'vnique chose qui leur restoit de
tous leurs biens, & laquelle ils s'estoient
reseruée, pour ne pas mourir aussi nuds,
qu'ils estoient sortis du ventre de leur
mere; se voyans ainsi despoüillez dans les
attentes de la mort, qui estoit prochaine, disoient à Dieu; Oüy mon Dieu, ie
n'ay plus rien en terre, & mon cœur n'y
peut estre attaché : i'attens auec ioye la
mort, qu'autrefois i'ay tant redoutée :
mais c'est dans l'esperance que vostre
foy me donne que ie seray d'autant plus
heureux dans le Ciel, que ie meurs maintenant miserable.

Ces pauures moribonds nous benis-
soient en mesme temps qu'ils enuisa-
geoient leurs miseres, n'y en ayant aucun qui n'ait trouué en nous, & plus d'a-
mour , & vne charité plus secourante,

qu'ils n'en esprouuoient mesme de leurs plus proches. Aussi ne nous regardoient-ils, qu'auec des yeux d'amour, comme leurs Peres, & receuans nos charitez durant leur vie, ils sçauoient bien qu'elles continueroient sur eux, mesme iusqu'apres la mort, quelques-vns de nos Peres, & des François qui estoient auec nous, s'estans chargez du soin, qu'aucun autre ne vouloit prendre, non pas mesme les plus proches parens des defunts, d'enseuelir & d'enterrer ces pauures abandonnez des hommes : mais que nous pouuons appeller les cheris de Dieu, puis qu'ils sont maintenant ses enfans, quelques barbares & miserables qu'ils ayent esté. *Ecce quomodo computati sunt inter filios Dei, & inter sanctos fors illorum est.*

Il s'est trouué de ces pauures Chrestiens, qui se voyans mourir dans ces miseres, nous enuoyoient querir. Hé ! ie te prie, mon frere, nous disoient-ils, enterre moy dés maintenant ; car c'est fait de ma vie, & tu vois bien que tu me dois compter entre les morts. Ce que ie crains, si ie mourois auant que d'estre enterrée, c'est que de pauures gens aussi miserables que moy, ne me despoüillent

de ce

de ce haillon, dont ma nudité est couuerte, pour se couurir eux-mesmes. Ce
me sera vne consolation, entrant dans le
tombeau, de sçauoir que mon corps n'aura pas cette confusion apres la mort,
dont i'ay eu horreur toute ma vie. Ces
spectacles nous tiroient les larmes.

Il faut confesser que sans nous cette
mortalité eût esté encore bien plus grande : car plusieurs n'ont vescu que de l'as-
sistance que nous leur auons donné. La
main de Dieu ayant esté vrayement paternelle sur nous, voulant nous conseruer, pour mettre dans le Ciel les restes de
ce peuple mourant. Car c'est cette diuine Prouidence, qui par des voyes toutes
pleines d'amour, (ie les pourrois appeller miraculeuses,) nous fournissoit les
moyens, non seulemét de subsister nous
mesmes, dans cette misere publique :
mais nous donnoit encor les moyens de
faire du bien à tout le monde, de nous
rendre les maistres des cœurs, & de gagner leur affection, pour les gagner tous
tant qu'ils sont à Iesus-Christ. C'est ce
qu'ils admiroient eux-mesmes ; adorans
en mesme temps la toute-puissance de
Dieu, & son amour sur nous, & ensuite

B

fur eux, voyans bien que nous ne viuions
que pour eux.

Tout l'Hyuer, ayans employé la iournée, les vns pour le falut des ames, les
autres dans les œuures de charité ; La
nuit donnoit quelque treue à noftre trauail : autant qu'il en falloit pour ne pas
fuccomber aux fatigues de la iournée ;
mais non pas tant que la nature en euft
pris d'elle-mefme, auec vn plaifir innocent. Car à vray dire, nous ne dormions
que d'vn demy fommeil. Quelques
froids, quelques neiges, quelques vents
qui foufflaffent ; toute la nuit il y auoit
des fentinelles expofées aux rigueurs du
temps, & des rondes continuelles qui
faifoient leur deuoir : Les autres, qui
durant ce temps-là, prenoient vne partie de leur repos, eftoient toufiours deffous les armes, & comme attendans le
combat.

Ce grand foin rauiffoit le cœur de ces
pauures Sauuages, qui tous les iours,
matin & foir rempliffoient noftre Eglife pour y rendre à Dieu leurs hommages.
Les Sacremens y eftoient frequentez
auec deuotion. Les Feftes & les Diman-
ches eftoient fanctifiez par la pieté du

peuple, & par les predications publiques. Les enfans y auoient leur iour sur
la semaine, & les filles le leur separé,
pour apprendre le Catechisme.

Mais le plus fort de nostre trauail, estoit
de visiter les cabanes, pour y consoler
les affligez, y secourir les pauures, pour
y assister les malades, pour y disposer à
la mort, ceux qui en estoient les plus
proches, pour y confirmer dans l'esprit
de la foy les Chrestiens & les catechumenes, & pour y gagner les infidelles à
Iesus-Christ.

Nos Peres, en faisant ces visites,
auoient l'œil à la pauureté d'vn chacun;
& selon qu'ils iugeoient plus à propos
de subuenir aux necessitez plus pressan-
tes, ils se seruoient d'vne espece de monoye, qu'ils alloient distribuant à ces
pauures. C'estoit vn petit morceau de
cuivre, marqué pour cét effet. Tous
ceux qui en auoient receu par aumosne,
se trouuoient à nostre porte sur le Midy,
& presentoient leur petite monoye. On
donnoit aux vns vne certaine mesure de
gland, qu'ils faisoient boüillir dans vne
laisiue de cendres, pour vn premier
boüillon, afin d'en oster la plus grande

amertume. On diſtribuoit aux autres quelque morceau de poiſſon enfumé, qu'ils cuiſoient en l'eau, dont par apres ils ſouſtenoient leur vie. Ceux qui eſtoient les mieux partagez, receuoient vn peu de farine de bled d'Inde, boüillie dans l'eau.

Nous auions achepté auant que les neiges euſſent couuert la terre, cinq ou ſix cents boiſſeaux de gland. Nous auions enuoyé quelques canots, pour aller chercher parmy les Nations Algonquines, cette prouiſion de poiſſon, à ſoixante, quatre-vingt, & cent lieuës de là. Ce peu que nous auions de bled, venoit du trauail des Hurons, au temps de l'abondance. *Vnde exeunt flumina reuertuntur.* C'eſtoit pour eux, auſſi bien que pour nous, que Dieu nous auoit fourny en ſon temps cette manne du Ciel : car c'eſt ainſi que i'appelle les plus grandes richeſſes que nous euſſions, leſquelles eſtant en France, i'euſſe appellé de grandes pauuretez, & de grádes miſeres. La nature ſe contente de peu, & d'où on bannit les delices, on bannit de gráds ſoins, & on s'exempte de beaucoup d'empreſſemens, peu neceſſaires à vne vie, qui apres tout ne peut estre immortelle.

Quantité de personnes m'ont prié de leur faire sçauoir l'ordre que nous tenions, pour l'instruction de nos Sauuages, & la suite de nos employs le long de la iournée. Ces employs n'estans pas dans l'esclat, & n'ayans point de spectateurs, sinon ceux qu'on appelle les balieures de la terre, & le rebut du monde; ce que ie puis respondre à cette demande, ne peut auoir rien d'esclattant. Ceux toutefois qui ne trouuent rien de petit, dans les choses qui concernent le salut des ames, puis qu'ils desirent que ie descende dans ces particularitez, & que c'est pour eux & pour semblables personnes que i'escris cecy, ils sçaurõt qu'ayans pris pour nous-mesmes, deux ou trois heures de la nuit, pour agir auec Dieu, auant que d'agir auec le prochain ; Le iour estant venu, les Chrestiés venoient à l'Eglise, où nous reseruions quelques Messes pour eux. Les prieres s'y faisoient publiques, à cause que plusieurs nouuellement conuertis à la foy, ne peuuent pas si tost les apprendre. Vn de nos Peres presidoit à cette deuotion, & tous les Sauuages le suiuoient, repetans sans

empreffement les mefmes mots. La priere acheuée on donnoit quelque inftruction à toute l'affemblée ; quelquefois
leur expliquant quelqu'vn de nos my-
fteres ; d'autresfois, pour les confirmer
dans la foy, on leur en deduifoit quelques motifs , qui nous fembloient dauantage dans la portée de leur efprit :
fouuent on les exhortoit à quelque chofe de pratique, afin qu'ils paffaffent fain-
tement la iournée : foit qu'on les pouf-
faft à offrir à Dieu leurs trauaux, leurs
peines, leurs fouffrances ; foit qu'on leur
donnaft quelque Oraifon iaculatoire,
qui fuft leur entretien, & l'ame de tout
leur trauail , foit qu'on leur enfeignaft
les moyens de refifter aux tentations ; &
comment y ayant fuccombé par mal-
heur, il faut auoir recours à Dieu, & luy
en demander pardon ; foit afin qu'on
les incitaft à fon amour, & aux defirs de
la vie eternelle.

Cette inftruction eftant finie, & la plus
courte qu'il fe pouuoit ; les premiers venus fortoient, & les autres demeuroient
pour receuoir auffi l'inftruction , ayans
fait les prieres publiques comme les pre-
cedens. La Chapelle fe rempliffoit en

cette façon, dix & douze fois vne mati-
née. Cependant d'autres Peres enten-
doient les confeſſions, & ſelon les necef-
ſitez plus particulieres d'vn chacun, ils
leur donnoient diuers aduis. Souuent en
vn matin, vn ſeul Pere diſoit vn bon
mot, à cinquante & ſoixante perſonnes.
Les plus longs entretiens, ne ſont pas
touſiours ceux qui penetrent plus auant
dans le cœur.

Sur les neuf heures on fermoit la porte
de l'Egliſe: & c'eſtoit alors que nos Peres
alloient dans les cabanes, y faire leurs vi-
ſites, iuſqu'enuiron deux heures auant
la nuit. Car alors on ſonnoit pour rap-
peller les Chreſtiens aux prieres publiques, en la meſme façon qu'on les auoit
fait le matin, l'Egliſe ſe rempliſſant & ſe
vuidant dix ou douze fois pour le moins,
& c'eſt pour lors que pluſieurs de ces
bons Neophytes rendoiét conte de leur
iournée, ſelon que ceux qui auoient le
ſoin d'vn chacun, les arreſtoiét à la porte
pour cét effet, tantoſt l'vn tantoſt l'autre;
pour ſçauoir en vn mot, cõbien de fois ils
auoient penſé à Dieu le long du iour : en
quoy ils luy auoient eſté plus fideles :
s'ils luy auoient offert leur trauail, leur

B iiij

faim, & leur mifere : s'ils n'auoient point commis quelque faute. Cela fe fait auec vne candeur qui n'a rien de barbare, & auec vne fimplicité d'enfant; qui eft vne marque infaillible de l'efprit de Dieu. Toufiours la nuit nous furprenoit pluftoft que nous ne defirions : mais neantmoins nous la receuions auec amour, elle feule nous donnant le loifir de retourner auec Dieu; fi toutefois on peut fortir de luy, lors qu'on ne parle que de luy, qu'on n'agit que pour luy, qu'on vit en luy, dans l'attente de ne mourir iamais pour autre que pour luy.

C'eftoient-là nos employs, au milieu de cette barbarie deuenuë Chreftienne: c'eftoit ainfi que Dieu alloit difpofant ces peuples pour le Ciel, les voyant proches de leur ruine. Nous l'allons voir dans les Chapitres fuiuans.

CHAPITRE III.

De la prise & desolation de la Mißion de sainct Iean, par les Iroquois, & de la mort du P. Charles Garnier, qui y estoit en Mißion.

DAns les Montagnes, que nous nommons la Nation du Petun, nous y auions depuis quelques années deux Mißions : en chacune il y auoit deux de nos Peres. La plus frontiere à l'ennemy, estoit celle qui portoit le nom de Saint Iean ; dont le bourg principal, qui s'appelloit du mesme nom, estoit d'enuiron cinq à six cent familles. C'estoit vn champ arrousé des sueurs d'vn des plus excellens Mißionaires, qui ayt esté en ces païs, le Pere Charles Garnier ; qui le deuoit aussi arrouser de son sang, puisqu'il y est mort auec son troupeau, qu'il a conduit luy-mesme iusque dans le Paradis ; le iour approchant auquel Dieu vouloit faire vne Eglise triomphante, de celle qui iusqu'a-

lors auoit toufiours efté dans les combats, & qui pouuoit porter le nom d'v-
ne Eglife vrayement fouffrante , nous
en eufmes nouuelles fur la fin du mois
de Nouembre, par deux Chreftiens Hurons efchappez d'vne bande d'enuiron
trois cents Iroquois , qui nous dirent
que l'ennemy eftoit encore irrefolu,
quelle démarche il prendroit, ou vers
la Nation du Petun , ou contre l'Ifle
où nous eftions. Là deffus nous nous
tenons en eftat de deffenfe , & arrefta-
mes nos Hurons, qui prenoient deffein
de fortir en campagne, pour aller au deuant de cét ennemy. En mefme temps
nous fifmes porter promptement cette
nouuelle à ceux de la Nation du Petun,
qui la receurent auec ioye, enuifageans
cette trouppe ennemie , comme defia
vaincuë, & comme vne matiere de leur
triomphe. Ils l'attendent quelques iours
de pied ferme ; puis s'ennuyans que la
victoire fut fi tardiue à les venir trouuer, ils voulurent luy aller au rencontre; au moins les habitans du bourg de
S. Iean, hommes de main & de courage.
Ils haftent leur fortie, craignans que l'I-
roquois ne leur efchappe , le voulans

surprendre, lors qu'il eſt encore en chemin. Ils partent le cinquiefme iour du
mois de Decembre, & prennent leur
route, vers le lieu d'où ils attendent l'ennemy : mais l'ennemy ayant pris vn de-
tour, ne fut pas rencontré, & par vn ſur-
croiſt de malheur pour nous, comme il
faiſoit ſes approches du bourg, il fit priſe d'vn homme & d'vne femme qui venoient d'en ſortir. Il apprend de ces
deux captifs l'eſtat de la place, & ſçait
qu'elle eſt dépourueuë de la meilleure
partie de ſon monde, ſans delay, il haſte
le pas, pour y mettre tout à feu & à ſang,
l'occaſion luy en eſtant ſi fauorable.

Ce fut le ſeptiefme iour du mois de
Decembre dernier de l'année 1649. ſur
les trois heures apres midy, que cette
troupe d'Iroquois parut aux portes de ce
bourg, l'eſpouuante & la terreur ſe iette
incontinent dans tout ce pauure peuple
dépoüillé de ſes forces, qui ſe trouue
vaincu, lors qu'il péſoit eſtre vainqueur.
Les vns prennent la fuite; les autres ſont
tuez ſur la place ; le feu en donna à pluſieurs les premieres nouuelles, qui con-
ſommoit deſia vne partie de leurs cabanes. Quantité furent pris captifs : mais

l'ennemy victorieux, craignant le retour des guerriers, qui luy estoient allez, au rencontre hastoit si precipitemment sa retraite, qu'il fit main basse sur tous les vieillars & enfans, & sur tous ceux qu'il ne iugeoit pas pouuoir le suiure assez promptement en sa fuite.

Ce furent des cruautez inconceuables. On arrachoit à vne Mere ses enfans pour les ietter au feu : d'autres enfans voyoiét leur Mere assommée à leurs pieds, ou ge-missante dans les flammes sans qu'il leur fust permis, ny aux vns, ny aux autres, d'en tesmoigner aucune compassion. C'estoit vn crime de respandre vne lar-me; ces barbares voulans qu'on marchast dans la captiuité, comme ils marchoient dans leur triomphe. Vne pauure Mere Chrestienne, qui pleuroit la mort de son enfant, fut tuée sur la place, à cause qu'elle auoit encor de l'amour, & qu'el-le ne pouuoit estouffer assez tost les sen-timens de la Nature.

Le Pere Charles Garnier estoit alors seul de nos Peres, en cette Mission, lors que les ennemis parurent, il estoit actuel-lement occupé à instruire ce peuple dans leurs cabanes qu'il visitoit. Il sort au

bruit de cette alarme. Il va droit à l'E-
glise, où il trouua quelques Chrestiens.
Nous sommes morts, mes freres, leur
dit-il, Priez Dieu, & prenez la fuite, par
où vous pourrés eschaper. Portés vostre
foy auec vous le reste de vos vies, & que
la mort vous trouue songeans à Dieu, il
leur donne sa benediction, & ressort
promptement, pour aller au secours des
ames. Pas vn ne songe à la deffense, tout
estant dans le desespoir. Plusieurs trouuent vne issuë fauorable pour leur fuite.
Ils inuitent le Pere de fuïr auec eux: mais
il est retenu par les liens de la Charité,
il s'oublie de soy-mesme, & il ne pense
qu'au salut du prochain. Son zele le portoit, & le faisoit courir par tout : soit
pour donner l'absolution aux Chrestiens, qu'il auoit au rencontre, soit pour
chercher dans les cabanes toutes en feu,
des enfans, des malades, & des catechumenes, sur lesquels il respandoit les eaux
du Saint Baptesme, au milieu de ces
flammes. Son cœur ne brusloit d'autre
feu, que de l'amour de Dieu.

Ce fut dans ces employs de Saincteté,
qu'il se vit accueilly de la mort, qu'il en-
uisageoit sans la craindre n'y sans recu-

ler d'vn seul pas. Vn coup de fusil le per-
ça d'vne balle, vn peu au dessous de la
poitrine : vne autre balle, du mesme
coup, luy déchira le petit ventre, & luy
donna dans vne cuisse, dont il fut terras-
sé. Mais son courage n'en fut pas abbatu. Le barbare qui auoit fait ce coup, le
despoüilla de sa sotane, & le laissa na-
geant dedans son sang, afin de suiure les
autres fugitifs.

Ce bon Pere, fort peu de temps apres,
fut veu ioindre les mains, faisant quelque priere. Puis tournant la teste çà & là,
il apperceut à dix ou douze pas de soy,
vn pauure Moribond, qui venoit aussi
bien que luy, de receuoir le coup de la
mort, mais qui auoit encore quelques
restes de vie. L'amour de Dieu & le zele des Ames, est encore plus fort que la
mort. Il se met à genoux ; puis ayant
fait quelque priere, il se leue auec peine,
& se porte le mieux qu'il peut vers cét
agonizant, pour l'assister à bien mourir.
Il n'auoit pas fait trois ou quatre demarches, qu'il retombe encor assez rudement. Il se leue pour la seconde foix, &
se met encore à genoux, & pourfuit son
mesme chemin : mais son corps espuisé

de son sang qui sort en abondance de
ses playes, n'est pas si fort que son courage ; il retombe pour la troisiesme fois,
n'ayant fait que quatre ou cinq pas.
Nous n'auons pû sçauoir ce qu'il fit du
depuis : vne bonne Chrestienne, qui
nous a fait fidelement tout ce rapport,
n'en ayant pas veu dauantage ; à cause
qu'vn Iroquois la surprit elle-mesme, &
luy déchargea sur la teste vn coup de ha-
che-d'armes, qui la terrassa sur le lieu ;
quoy que depuis elle en soit rechapée.
Le Pere receut quelque temps apres,
deux coups de hache, sur les deux tem-
pes, de part & d'autre, qui enfonçoient
dans la ceruelle, s'estoit la recompense
la plus riche qu'il esperast de la bonté de
Dieu, pour tous les seruices passez. Son
corps fut despoüillé, & laissé tout nud
sur la place.

Deux de nos Peres, qui estoient dans la
Mission la plus voisine, receurent quelques restes de ces pauures Chrestiens
fugitifs, qui y arriuoient hors d'haleine ;
plusieurs tous couuerts de leur sang.
Toute la nuict, ce ne furent qu'alarmes,
dans la crainte où tout le monde estoit
d'vn semblable mal-heur. Sur le com-

mencement du iour, on apprit par quelques efpions que l'ennemy s'eftoit retiré. Ces deux Peres partent dés le mefme moment, afin de voir eux-mefmes de leurs yeux, vn fpectacle bien trifte : mais toutefois digne de Dieu. Ils ne trouuent que des cadavres, les vns deffus les autres ; & de pauures Chreftiens : les vns qui acheuoient de fe confommer dãs les reliques deplorables de ce bourg tout en feu ; les autres, noyez dans leur fang ; & d'aucuns qui auoient quelques reftes de vie, mais tous couuers de playes, qui n'attendoient rien que la mort, beniffans Dieu dans leur malheur. Enfin, au milieu de ce bourg defolé ils y apperceurent le corps, qu'ils y eftoient venus chercher : mais fi peu connoiffable, eftant tout couuert de fon fang, & des cendres de cét incendie, qu'ils paffoient outre ; mais quelques Sauuages Chreftiens, reconnurent leur Pere, qui eftoit mort pour leur amour. Ils l'enterrent au mefme lieu, où auoit efté leur Eglife ; quoy qu'il n'en reftaft plus aucune marque, le feu ayant tout confommé.

La pauureté de cét enterrement fut grande ; mais fa fain&eté n'en fut pas moindre.

moindre. Ces deux bons Peres se des-
poüillerent d'vne partie de leurs habits,
pour en couurir le mort; & ne peurent
faire dauantage, à moins que de s'en retourner tout nuds.

Ce fut vn bien riche dépost, pour vn
lieu si abandonné, que le corps d'vn si
grand seruiteur de Dieu : mais ce grand
Dieu trouuerra bien les moyens de nous
reünir tous dans le Ciel, puisque ce n'est
qu'vniquemént pour son amour, que
nous sommes ainsi dispersez, & durant
nostre vie, & apres nostre mort.

La crainte que l'ennemy ayant fait
quelque feinte, ne retournast sur ses bri-
sées, obligea tout ce conuoy de charité
de repartir le mesme iour, & sans delay,
& retourner en haste, d'où ils estoient
partis, sans boire & sans manger, par des
chemins fascheux, & en vne saison bien
penible, la neige ayant desia couuert la
terre.

Deux iours apres la prise & l'incendie
de ce bourg, les habitans retournerent,
qui ayans trouué la démarche qu'auoit
pris l'ennemy par vn autre chemin, s'e-
stoient doutez du malheur arriué. Mais
ils le virent de leurs yeux, & à la veuë des

cendres, & des corps morts de leurs parens, de leurs femmes, & de leurs enfans; ils furent vne demy-iournée dans vn profond silence assis ; à terre, à la sauuage, & sans leuer les yeux, ny poußer mesme aucun soufpir , comme des statuës de marbre, sans parole, sans regars, & sans mouuement. Car c'est là le deuil des Sauuages ; au moins des hommes & des guerriers : les larmes, les plaintes & les crys estant , disent-ils , pour les femmes.

La perte & du Pasteur & du troupeau nous ont esté sensibles; mais il faut qu'en l'vn & en l'autre nous adorions & nous aimions les conduites de Dieu sur nous & sur nos Eglises , & que nous soyons disposez d'agreer iusqu'à la fin tout ce qu'il voudra.

Le Pere Charles Garnier nasquit à Paris l'année 1605. il entra en nostre Compagnie l'année 1624. & ainsi il n'auoit guere plus de 44 ans, le 7. Decembre 1649. iour auquel il mourut dans l'employ vrayement Apostolique , dans lequel il auoit vescu, depuis l'an 1636. qu'il quitta la France, & monta dans le païs des Hurons.

Dés son enfance il auoit eu des sentimens de pieté tres-tendres, & principa-
lement vn amour filial à l'endroit de la
tres-saincte Vierge, qu'il appelloit sa
Mere. C'est elle, disoit-il, qui m'a porté
dessus ses bras, dans toute ma ieunesse,
& qui m'a mis dans la Compagnie de son
Fils. Il auoit fait vn vœu de soustenir
iusqu'à la mort son Immaculée Conce-
ption. Il est mort à la veille de cette au-
guste Feste, pour aller la solemniser plus
augustement dans le Ciel.

Dés son Nouitiat, il paroissoit vn Ange: sa modestie estant si rare, qu'on le
proposoit à tous les autres, comme vn
miroir de saincteté. Il auoit eu de tres-
grandes difficultez à obtenir permission
de son pere, pour entrer en nostre Compagnie: mais elles furent bien plus grandes, lors que dix ans aprés cette premiere separation, il fallut luy en faire agreer
vne seconde plus sensible, qui estoit son
départ de la France, pour venir en ces
Missions du bout du monde: Nos Superieurs ayans desiré que son Pere y don-
nast son consentement, à cause des obli-
gations particulieres, que luy auoit nostre Compagnie. Son voyage en fut re-

tardé vne année toute entiere : mais ce
ne fut que pour enflammer fes defirs.
Iour & nuit, il ne fongeoit qu'à la conuerfion des Sauuages, & à y confommer
fa vie, iufqu'au dernier foupir. Il plût à
Dieu déslors de luy donner des preffen-
timens de la mort qui luy eft arriuée;
mais fi puiffans, fi doux, & fi aimables,
que ie puis dire que déslors il eftoit mort
vrayement au monde, & que le monde
luy eftoit comme vn cadavre mort, pour
lequel on n'a plus que de l'horreur & du
dégouft. Il fut donc vn an tout entier
pour combattre tous les efforts de la nature, en fon bon pere, qui ne pouuoit
entendre à vne fi dure feparation. Il y
employa, & amis, & larmes, & prieres, &
des mortifications continuelles. Enfin
il obtint ce grand coup du Ciel, auec
tant de ioye de fon cœur, qu'il eftimoit
cette iournée la plus heureufe qu'il euft
enë toute fa vie.

Paffant la mer, il fit dans le nauire des
conuerfions notables. Entr'autres il fut
aduerty, qu'il y auoit parmy les matelots, vn homme fans confcience, fans
Religion, & fans Dieu, qui fuyoit tout
le monde, & que tout le monde fuyoit.

Il y auoit plus de dix ans qu'il ne s'eſtoit
confeſſé. Le Pere porté de ſon zele ordinaire, entreprit cette humeur noire, &
cét homme deſeſperé, & apres mille teſ-
moignages de charité, qu'il luy rendit,
par toute ſorte de ſoins, d'inſtructions,
& de bons offices, enfin il le gagna, &
luy fit faire vne confeſſion generale, & il
le mit dans vne ſi grande paix, & ioye
de conſcience, que tout le monde en fut
eſtonné & touché.

Dés qu'il fut arriué aux Hurons, on
eût en ſa perſonne vn ouurier infatiga-
ble, remply de tous les dons de la Nature & de la Grace, qui peuuent rendre
vn Miſſionnaire accomply. Il poſſeda la
langue des Sauuages en vn degré ſi eminent, qu'ils l'admiroient eux-meſmes.
Il entroit ſi auant dans les cœurs, & auec
vne eloquence ſi puiſſante, qu'il les rauiſſoit tous à ſoy : ſon viſage, ſes yeux,
ſon ris meſme, & tous les geſtes de ſon
corps ne preſchoient que la ſainéteté.
Mais ſon cœur parloit plus haut que ſes
paroles, & ſe faiſoit entendre meſme
dans ſon ſilence : I'en ſçay pluſieurs qui
ſe ſont conuertis à Dieu, aux ſeuls regars
de ſon viſage, qui eſtoient vrayement

Angeliques, & qui donnoient de la deuotion, & des impreſſions de Chaſteté à ceux qui l'abordoient, ſoit qu'il fut en prieres, ſoit qu'il paruſt rentrer en ſoy, ſe recueillant de l'action d'auec le prochain; ſoit qu'il parlaſt de Dieu, ſoit meſme lors que la Charité l'engageoit dans d'autres entretiens, qui donnoient quelque relaſche à ſon eſprit. L'amour de Dieu qui regnoit en ſon cœur, animoit tous ſes mouuemés, & les rendoit diuins.

Ses vertus eſtoient heroïques, & il ne luy en manquoit pas vne de celles qui font les plus grands Saints. Vne obeïſſance accomplie capable de tout faire, & preſte à ne rien faire, ſi ſon Superieur ne vouloit. Vne Humilité ſi profonde, que quoy que tout fut eminent en luy, non ſeulement il s'eſtimoit le plus indigne de cette Miſſion, mais il croyoit que Dieu le puniſſoit terriblement de ſes infidelitez, lors qu'il voyoit quelqu'vn auoir quelque opinion de luy. Ce luy eſtoit vn des tourmens des plus ſenſibles qui pût luy arriuer. Et ie ſçay que ſouuent en ces rencontres, pour donner à ces meſmes perſonnes de bas ſentimens de ſoy-meſme, il leur deſcouuroit ſes défauts, & ce

qui luy donnoit plus d'horreur de foy-
mefme, croyant qu'en fuite on le deuft
auoir en horreur.

Son oraifon eftoit fi refpectueufe en la
prefence de Dieu, & fi paifible dans le
filence de toutes fes puiffances, qu'à peine fouffroit-il la moindre diftraction,
quoy qu'au milieu des employs les plus
diffipans. Ce n'eftoient que colloques,
qu'affections & qu'amour, dés le commencement de l'Oraifon; & ce feu s'alloit allumant toufiours iufqu'à la fin.

Sa mortification eftoit égale à fon
amour: il la cherchoit & nuict & iour,
toufiours couché deffus la dure, & portant toufiours fur fon corps quelque
partie de la Croix, qu'il cheriffoit durant
fa vie, & fur laquelle il defiroit mourir.
Chaque fois qu'il retournoit de fes Miffions, il ne manquoit iamais de faire ra-
cerer les pointes de fer, d'vne ceinture
toute heriffée de moletes d'efperon,
qu'il portoit fur la chair nuë: & outre cela, tres-fouuent il vfoit d'vne difcipline
de fer, armée auffi de pointes tres-aiguës.
Son viure n'eftoit autre que celuy des
Sauuages, c'eft à dire, le moindre qu'vn
miferable gueux peut efperer en France.

C iiij

Cette derniere année de famine, le gland & les racines ameres luy estoient des delices: non pas qu'il n'en sentit les amertumes, mais il les sauouroit auec amour: quoy que tousiours il eust esté vn enfant chery & d'vne maison riche & noble, & tous les amours de son Pere; esleué dés le berceau en d'autres nourritures qu'en celles des pourceaux. Mais tant s'en faut qu'il s'estimast miserable dans ce grand abandon de toutes choses, où il estoit, & qu'il eust voulu dire, ce que disoit l'enfant Prodigue, *Quanti mercenarÿ in domo Patris mei abundant panibus; ego autem hîc fame pereo;* qu'au contraire il s'estimoit heureux de tout souffrir pour Dieu.

Dans les dernieres lettres, qu'il m'escriuit trois iours auant sa mort, pour response à vne demande que ie luy faisois touchant l'estat de sa santé, & s'il n'estoit point à propos qu'il quittast pour quelque temps sa Mission, afin de venir nous reuoir, & reparer vn peu ses forces: Il me respondit tres au long quantité de raisons, qui l'obligeoient de demeurer en sa Mission; mais raisons qui ne prenoient leur force que de l'esprit de charité, &

du zele vrayement Apoſtolique dont il
eſtoit remply. Il eſt vray, m'adiouſtoit-
il, que ie ſouffre quelque choſe du coſté
de la faim : mais ce n'eſt pas iuſqu'à la
mort ; & Dieu mercy, mon corps & mon
eſprit, ſe ſouſtiennent dans leur vigueur.
Ce n'eſt pas de ce coſté-là que ie crains ;
mais ce que ie craindrois dauantage, ſeroit qu'en quittant mon troupeau en ces
temps de miſeres, & dans ces frayeurs de
la guerre , qu'il a beſoin de moy , plus
que iamais ; ie ne manquaſſe aux occa-
ſions que Dieu me donne, de me perdre
pour luy ; & qu'en ſuite, ie ne me ren-
diſſe indigne de ſes faueurs. Ie n'ay que
trop de ſoin de moy-meſme, adiouſtoit-
il ; & ſi ie voyois que les forces fuſſent
pour me manquer , puiſque voſtre Reuerence me le commande , ie ne man-
querois pas de partir : car ie ſuis toûjours preſt de tout quitter, pour mourir
dans l'obeïſſance, où Dieu me veut : ſans
cela, ie ne deſcendray iamais de la Croix
où ſa bonté m'a mis.

Ces grands deſirs de ſainĉteté auoient
creu auec luy dés ſon bas âge. Pour moy,
l'ayant connu depuis plus de douze ans,
qu'il reſpandoit deuant moy tout ſon

cœur, comme il faifoit deuant Dieu mefme; ie puis dire auec verité, qu'en toutes
ces années, ie ne croy pas que hors le
fommeil, il ayt efté vne feule heure, fans
ces defirs ardens & vehemens de s'auancer de plus en plus, dedans les voyes de
Dieu, & d'y auancer fon prochain. Hors
de cela, rien au monde ne le touchoit;
ny parens, ny amis, ny repos, ny confolation, ny peines, ny fatigues. Son tout
eftoit en Dieu, & hors de luy, tout ne
luy eftoit rien.

Il prenoit des malades, & les portoit
fur fes efpaules, vne & deux lieuës, pour
leur gagner le cœur, & pour auoir occafion de les baptizer. Il faifoit les dix &
les vingt lieuës, durant les chaleurs de
l'Efté les plus exceffiues, & par des chemins dangereux, où fans ceffe les ennemis faifoient quelques maffacres. Il
couroit hors d'halene apres vn feul
Sauuage, qui luy feruoit de guide, pour
aller baptizer, ou quelque moribond, ou
quelque captif de guerre, qu'on deuoit
brufler le iour mefme. Il a paffé des
nuicts entieres dans des efgaremens &
des chemins perdus, au milieu des neges
profondes, & des plus grands froids de

l'Hyuer , fans que fon zele fuft arresté
d'aucune faifon de l'année.

Durant les maladies contagieufes,
qu'on nous fermoit par tout les portes
des cabanes , & qu'on ne parloit d'autre
chofe que de nous maffacrer , non feulement il marchoit tefte baiffée , où il fçauoit qu'il y euft vne feule ame à gagner
pour le Paradis ; mais par vn excez de ce
zele, & vne induftrie de Charité, il trouuoit les moyens de s'ouurir tous les chemins qu'on luy fermoit, de rompre tous
les obftacles ; quelquesfois auec violence. Mais ce qui eftoit de plus diuin, en
tout ce procedé , qui n'auoit rien de la
prudence humaine ; c'eft que dés fon entrée , il gagnoit les efprits farouches,
d'vne feule parole , & qu'il venoit à bout
de fon deffein. Rien ne le rebutoit, &
toufiours il efperoit en bien , des ames
les plus defefperées.

Il auoit vn recours particulier aux Anges , & en reffentoit des fecours tres-
puiffans. Des Sauuages , qu'il alloit affifter à l'heure de la mort, l'ont vû accompagné d'vn ieune homme, difoient-ils,
d'vne rare beauté , & d'vn efclat maie-
ftueux, qui fe tenoit à fon cofté, & qui

les animoit à obeïr aux inſtruƈtions du
Pere. Ces bonnes gens n'en pouuoient
dire dauantage, & demandoient quel
eſtoit ce compagnon, qui rauiſſoit ainſi
leur cœur. Ils ne ſçauoient pas que les
Anges font plus que nous dans la conuerſion des Pecheurs, quoy que pour
l'ordinaire leur operation ne ſoit pas ſi
viſible.

Son inclination la plus grande, eſtoit
à aſſiſter les plus abandonnez : & quelque humeur rebutante que pût auoir
quelqu'vn, ſi chetif & impertinent qu'il
pût eſtre ; il ſentoit eſgalement pour
tous des entrailles de Mere, n'obmettant
meſme aucun aƈte de Miſericorde cor-
porelle, qu'il pût pratiquer, pour le ſalut
des ames. On la vû panſer des vlceres ſi
puants, & qui rendoient vne telle infe-
ƈtion, que les Sauuages, & meſme les
parens plus proches des malades, ne les
pouuoient ſouffrir. Luy ſeul y mettoit
la main tous les iours, en eſſuyoit le pus,
& nettoyoit la playe, deux & trois mois
de ſuite, auec vn œil & vn viſage qui ne
reſpiroit que charité : quoy que ſouuent
il viſt tres-bien que ces playes eſtoient
incurables. Mais, diſoit-il, plus elles

sont mortelles , plus i'ay de pente à en prendre le soin ; afin de conduire ces pauures gens iufqu'à la porte du Paradis, & afin d'empefcher leur cheute dans le peché, en vn temps, qui eft pour eux, le plus perilleux de la vie.

Il n'y auoit dans tout le païs des Hurons, aucune Miffion où il n'euft efté, & il en auoit commencé plufieurs, nommement celle où il eft mort. Il agiffoit auec les Sauuages, dans vne grande Prudence, & auec vne douceur de Charité, qui fçauoit tout excufer, & tout fupporter, quoy qu'elle n'euft rien de lafche.

Il n'auoit aucune attache à fon trauail; ny aux perfonnes, n'y aux lieux , ny aux employs. Mais enuifageant la volonté de Dieu efgalement en toutes chofes; en quelque lieu qu'il fuft quelque occupation que l'obeïffance luy ordonnaft, dés ce mefme moment, il s'y portoit auec courage, auec conftance, & comme vn homme qui n'auoit plus d'autres péfées au monde, finon de trouuer Dieu, où on vouloit qu'alors il le cherchaft. Souuent on luy a fait quitter le foin des Miffions, où eftoit tout fon cœur ; pour labourer la terre , pour feruir d'vn homme de

voiture, & traifner fur les neiges, comme vn cheual à la charuë; pour prendre
le foin des malades, pour auoir foin de
la cuifine, pour aller chercher çà & là
dans le bois, quelques raifins fauuages;
& faire les dix & douze lieuës pour en
trouuer fa charge , & pour en retirer
apres de longs trauaux, à peine ce qu'il
faut de vin, pour celebrer quelques Mef-
fes le refte de l'année. Par tout il eftoit
égal à foy-mefme , & à le voir, on euft
iugé qu'il n'auoit point d'inclination, finon pource qu'on luy voyoit faire , &
que c'eftoit là le vray employ, où il fut
appellé de Dieu. On ne fera rien, difoit-
il, pour le falut des .ames , fi Dieu ne fe
met de la partie auec nous : quand c'eft
luy qui nous y applique, par la conduite
de l'obeïffance , il eft obligé de nous y
affifter, & auec luy nous y ferons ce qu'il
attend de nous. Mais quand c'eft que
nous cheriffons vn employ , fut-il le
plus fainct de la terre , Dieu n'eft pas
obligé d'eftre de la partie : il nous laiffe
à nous-mefmes , & de nous-mefmes que
pouuons-nous finon vn rien, où le peché qui nous met au deffous du rien?

Il n'eftoit pas tellement attaché à la

conuerſion des Hurons, que ſon cœur
ne le tranſportaſt aux Nations les plus
eſloignées ; n'y euſt-il que les enfans à
baptizer, qui, diſoit-il, ſont vn gain certain pour le Ciel. Il nous diſoit ſouuent
qu'il euſt eſté bien aiſe de tomber entre
les mains des Iroquois, & d'eſtre leur captif : que s'ils l'euſſent bruſlé tout vif, il
euſt eû pour le moins ce loiſir là, de les
inſtruire, autant de temps, qu'ils pro-
longeroient ſes tourmens : Que s'ils luy
euſſent donné la vie, c'euſt eſté vn riche
moyen de procurer leur conuerſion, qui
nous eſt impoſſible, le chemin nous en
eſtant fermé, tandis qu'ils ſont nos ennemis.

Ie finiray ce Chapitre, par quelques
points d'vne lettre, que m'eſcriuit celuy
de nos Peres, qui l'enterra, & qui auoit
paſsé en Miſſion auec luy, les dernieres
années de ſa vie, voicy comme il m'en
eſcrit.

Puiſque voſtre Reuerence deſire que
ie luy eſcriue, ce que ie ſçay des vertus
du Pere Charles Garnier, ie coucheray
icy ce que i'en ay remarqué. Ie puis dire
en general, que ie ne connoiſſois point
de vertu, qui luy manquaſt, & qu'il les

auoit toutes dans vn haut degré. Ie puis
aussi asseurer, qu'en quatre ans que i'ay
esté son compagnon , ie ne l'ay iamais
veu faire vne faute, qui fut directement
contre quelque vertu. Il cherchoit vray-
ment Dieu dans son employ , & non pas
soy-mesme ; & ie n'ay iamais pû remar-
quer que la nature agit en luy , particulierement dans les fonctions de nos Missions. Il se portoit ardemment à quoy
que ce fust ; auec autant de zele pour les
affaires d'autruy , & pour l'auancement
des autres Eglises , comme de la sienne.
Ie l'ay tousiours veu dans vne grande
esgalité, parmy la diuersité des succez,
son cœur , ny son visage , ne paroist-
soit iamais troublé de quoy que ce fust.
Il iouïssoit d'vne grande paix d'esprit,
qui prouenoit d'vne grande conformité
qu'il auoit aux volontez de Dieu ; à laquelle vertu, depuis quelque temps, il
s'estudioit particulierement. Tout le
monde sçait le zele qu'il auoit pour la
conuersion des Sauuages, comme il aymoit d'estre en Mission, la peine qu'il
auoit à la quitter, & combien il pressoit,
lors qu'il estoit à la maison, pour retourner en Mission. Il me souuient que dans
ma

ma maladie, lors qu'on me croyoit tout
proche de la mort, vn soir en me veil-
lant, il me demanda, que lors que ie se-
rois en Paradis, ie priasse pour la Mission de saint Ioseph, dont alors il auoit
le soin, il me demanda cela vniquement,
& d'vne façon que ie ne puis expliquer,
& qui me fit conceuoir qu'il ne songeoit
à rien, qu'au bien de sa Mission. I'admirois souuent en luy qu'il ne parloit iamais en mauuaise part, d'aucun Sauuage, quelque impertinent qu'il fust : &
moy souuent luy parlant de quelque
faute qui m'eust dépleu en eux: il escou-
toit paisiblement, & l'excusoit; ou bien
ne disoit mot:& iamais ie n'ay pû remar-
quer ny en ses paroles, ny en ses actions,
si peu que ce soit de passion à l'endroit
d'aucun Sauuage. Il n'auoit point d'autres pensées, que des choses de sa Mission : il estoit ignorant de la France,
comme vn homme qui iamais n'en eust
esté ; & les nouuelles qu'il en entendoit
vne fois chaque année, faisoient si peu
d'impression dans son esprit, qu'il les ou-
blioit incontinent. Ce n'estoit qu'auec
violence qu'il se captiuoit à l'entretien
de quelques lettres, dont il ne se pouuoit

D

difpenfer. Il fembloit n'eftre nay que
pour la conuerfion des Sauuages : fa ferueur en cét endroit çroiffoit tous les
iours. Il auoit vn fenfible regret, quand
quelque petit enfant luy efchappoit,
mourant fans Baptefme : cette nouuelle
le furprenoit, & l'affligeoit, comme vn
autre feroit affligé de la mort d'vn de fes
plus proches parens. Son zele eftoit in-
fatigable : il quittoit fouuent le manger
& le repos pour fes Chreftiens. Ie l'ay
veu partir fouuent d'vn tres-mauuais
temps, & marcher auec de grandes in-
commoditez, allant d'vn bourg à l'autre;
tomber dans les Riuieres ; Rien n'eftoit
capable de l'arrefter, quand il eftoit que-
ftion de trauailler pour les Sauuages. Il
s'accommodoit bien auec fon compagnon, quel qu'il fuft, iamais il ne m'a dit
parole, qui fuft le moins du monde contre la Charité. Il prenoit toufiours le pire pour foy, & m'accommodoit en tout;
& il tafchoit de couurir fa charité du pretexte de fa propre commodité ; comme
fi ce qui eftoit le pire, luy euft efté le
plus commode. Son obeïffance eftoit rare, & pleine de foumiffion, & de fimplicité, quoy qu'il fuft quelquefois parti-

culier en ſes penſées : dés le moment qu'il connoiſſoit vn ſentiment contraire à celuy du Superieur, il agiſſoit auec autant d'ardeur dans l'eſprit d'autruy, qu'il euſt fait dans le ſien. Il eſtoit tres-exact dans l'obſeruation de nos Regles ; & quelque occupation qu'il euſt, pour la conuerſion des Sauuages, iamais il n'euſt perdu aucun temps de ſes Oraiſons, de ſes lectures ſpirituelles, ny de ſon examen. Il retranchoit de ſon ſommeil ce qui luy euſt manqué pour cét effet, dans la brieueté du iour. Sa Chaſteté eſtoit ſi pure, qu'elle me paroiſſoit Angelique : dans vne Modeſtie auſſi rare, que i'en aye point veu en France. Mais ſur tout, i'admirois ſon Humilité, il auoit vn tres-bas ſentiment de ſoy-meſme, & quoy qu'il euſt des talens eminens pour ces Miſſions, neantmoins il ſe poſtpoſoit à tous les autres. Les loüanges des hommes ne le touchoient aucunement. Ie ne l'ay iamais oüy parler, ny à ſon auantage, ny auec meſpris d'autruy. Iuſques icy ſont les termes du Pere qui m'eſcrit.

I'ay creu que dans la naïfueté de cette lettre, ceux qui ſçauent ce que c'eſt de la vertu folide, & qui ont l'œil ouuert aux chofes qui vrayement rendent vne ame grande aux yeux de Dieu; y defcouuriront vn threfor, que poffedoit ce feruiteur de Dieu. I'adioufteray icy feulement, que tous ceux qui l'ont pratiqué, l'ont eftimé vn Saint, & qu'il auoit l'approbation de tout le monde, fans en excepter aucun. Les Hurons le nommoient Orâcha.

Voicy encor vn petit mot qu'il efcriuit de l'Ifle de fainct Iofeph à fes deux freres, fçauoir eft le R. P. Henry de S. Iofeph de l'Ordre des Carmes, & le R. P. Iofeph de Paris Capucin. Cette lettre fait voir la trempe de fon cœur, & le preffentiment qu'il auoit de fa mort. Ce petit mot, dit-il, eft pour nous encourager tous trois à nous hafter d'aimer noftre bon Maiftre; car ie croy qu'il eft difficile que quélqu'vn de nous trois ne foit bien proche du terme de fa carriere. Redoublons donc nos ferueurs, haftons le pas, redoublons nos prieres les vns pour les autres, & faifons vne nouuelle proteftation, que celuy que Noftre Seigneur appellera le premier à foy de nous trois, fera l'aduocat des

deux qui resteront, pour leur obtenir de
Nostre Seigneur son sainct amour , &
vne parfaicte vnion auec luy,& vne per-
seuerance finale. Ie fais donc le premier
cette protestation ,& prie Nostre Seigneur de tout mon cœur , de posseder
nos trois cœurs , & de n'en faire qu'vn
auec le sien dés à present & dans l'eternité. Voila le stile d'vn Sainct qui aimoit
ses freres en Saint & comme des Saints:
aussi auons-nous appris qu'il auoit, des
marques de saincteté dés sa tendre ieunesse.

Deffunct Monsieur Garnier son pere,
auoit coustume de donner tous les mois
quelque piece d'argent à ses enfans pour
leurs petits diuertissemens dans leurs
estudes , le P. Charles Garnier estant
pensionaires en nostre College de Paris,
& sortant les iours de congé pour s'aller
vt petit recreer en ville , au lieu de porter son argent en vn ieu de paulme, l'alloit ietter dans la boëtte des prisonniers
du petit Chastelet ; L'vn de ses bons freres qui luy a veu donner pour vne seule
aumosne toute la recreation d'vn mois,
adiouste, que passant vn iour sur le Pont-
neuf, & voyant vn liure sale & impie,

qu'on difoit auoir efté composé par Theophile, il l'achepta, & le mit en eftat de n'eftre iamais leu de perfonne, peut eftre, difoit-il, que quelqu'vn le lifant offenferoit Dieu, il vaut mieux l'achepter & le perdre. Vne autre fois fes camarades eftans entrés dans vn cabaret pour y faire bône chere, comme il eftoit de la Congregation de Noftre Dame, qui deffend aux ieunes gens d'entrer dans de femblables lieux, il les attendit à la porte comme vn laquais attendroit fon maiftre, ces preludes marquant vne grande fainéteté future. Ie ne m'eftonne pas fi Monfieur fon pere voyant que fon fils vouloit eftre Iefuite, dit à l'vn de nos Peres, Si ie n'aimois vniquement voftre Compagnie, ie ne vous donnerois pas vn enfant qui depuis fa naiffance iufques à maintenant n'a iamais commis la moindre defobeïffance, & ne m'a iamais caufé le moindre déplaifir. La gloire de fa mort a couronné l'innocence de fa vie.

CHAPITRE IV.

De la mort du Pere Noël Chabanel.

Voicy la sixiesme victime que Dieu a pris à soy, de ceux de nostre Compagnie, qu'il auoit appellé en cette Mission des Hurons ; n'y ayant eû encore aucun de nous qui y soit mort, sans y respandre son sang , & consommer le sacrifice tout entier.

Le Pere Noël Chabanel estoit compagnon de Mission du Pere Charles Garnier, & lors que le bourg de sainct Iean fut pris par les Iroquois, il n'y auoit que deux iours qu'ils s'estoient separez, selon les ordres qu'ils en auoient receu : Nos Peres & moy ayans iugé à propos de ne pas tenir deux Missiōnaires exposez dans le danger , outre que la famine y estoit si extreme, qu'ils ne pouuoient trouuer vne nourriture suffisante pour deux personnes. Mais Dieu ne voulut pas qu'ayans vescu ensemble sous le ioug d'vne mesme Mission , ils fussent separez à la mort.

D iiij

Ce bon Pere, reuenant donc où l'o-
beïſſance le rappelloit, auoit paſſé par la
Miſſion de ſainct Mathias, où eſtoient
deux autres de nos Peres, & les auoit
quitté le matin du ſeptieſme iour de
Decembre. Ayant fait ſix grandes lieuës
d'vn chemin tres-difficile ; il fut ſurpris
de la nuict, au milieu des bois, eſtant en
compagnie de ſept ou huict Chreſtiens
Hurons. Son monde eſtoit couché &
endormy ; luy ſeul veilloit, & eſtoit en
priere. Sur la minuit il entend du bruit,
& des cris : partie de l'armée ennemie
victorieuſe, qui tenoit ce chemin ; partie auſſi des captifs, pris ce iour-là meſme dans le bourg de ſainct Iean, qui
chãtoient leur chanſon de guerre ſelon
leur couſtume. Le Pere à ce bruit reſ-
ueille ſes gens, qui ſans delay prennent
la fuite par dans les bois, & enfin ſe ſau-
uerent, s'eſtans diſperſez çà & là, & ayans
pris leur route vers le lieu meſme d'où
venoit l'ennemy, quoy qu'vn peu à l'eſ-
cart.

Ces Chreſtiens eſchappez du peril, ar-
riuerent à la Nation du Petun, & firent
leur rapport, que le Pere auoit fait quelque chemin voulant les ſuiure : mais

que n'en pouuant plus, il s'eſtoit mis à
genoux, & qu'il leur auoit dit, N'importe que ie meure; cette vie eſt bien peu
de choſe, c'eſt le bon-heur du Paradis,
que les Iroquois ne me pourront rauir.

Sur l'aube du iour, le Pere ayant changé de route, voulant venir nous trouuer en l'Iſle où nous eſtions, ſe vit arre-
ſté au bord d'vne riuiere, qui luy trauer-
ſoit ſon chemin. Vn Huron en a fait le
rapport; adiouſtant qu'il le paſſa dans
ſon canot, au deçà de la riuiere; & que
pour fuïr plus leſtement, il s'eſtoit deſ-
chargé de ſon chapeau, & d'vn ſac où
eſtoient ſes eſcrits, & d'vne couuerture,
qui ſert à nos Miſſionnaires de robe & de
manteau, de paillaſſe & de matelats, de
lict, & de tout autre meuble, & meſme
de maiſon, lors qu'ils ſont en campagne,
n'ayans point pour lors, d'autre abry. Du
depuis nous n'auons pû apprendre aucune autre nouuelle du Pere.

Nous ne ſommes pas aſſeurez, comment il ſera mort, & s'il ne ſera point
tombé entre les mains des ennemis, qui
en effect tuerent ſur le meſme chemin,
vne trentaine de perſonnes. Ou pluſtoſt
que s'eſtant eſgaré dans les bois, il y

foit mort, partie de faim, partie de froid, au pied de quelque arbre, où la foibleſſe l'ayt obligé de s'arreſter. Mais apres tout, ce qui nous ſemble plus probable, c'eſt qu'il aura eſté tué par ce Huron, le dernier qui l'ayt veu, autrefois Chreſtien, & depuis Apoſtat, lequel pour ioüyr des deſpoüilles du Pere, l'aura aſſommé, & aura ietté ſon corps dans la Riuiere. Si nous euſſions voulu pourſuiure cette affaire, ie croy que nous euſſions trouué des preuues conuainquantes contre ce meurtrier : Mais dans ces miſeres publiques, nous iugeaſmes plus à propos d'eſtouffer les ſoupçons qu'on pouuoit en auoir ; & nous-meſmes fermaſmes les yeux à ce que nous eſtions bien aiſes qu'on ne vit pas. Ce nous eſt aſſez que Dieu ſoit ſeruy.

Le Pere Noël Chabanel nous eſtoit venu de la Prouince de Toloſe, l'année 1643. ayant eſté receu en noſtre Compagnie dés l'année 1630. alors aagé ſeulement de dix-ſept ans. Dieu luy auoit donné vne forte vocation en ces païs, mais elle ne fut pas ſans combat eſtant icy, meſme apres les trois, les quatre, & les cinq ans d'eſtude, pour apprendre la

langue des Sauuages, il s'y voyoit si peu
auancé, qu'à peine pouuoit-il se faire
entendre dans les choses les plus com-
munes. Cette mortification n'est pas petite à vn homme qui brusle du desir de
la conuersion des Sauuages, & qui d'ailleurs n'auoit iamais manqué ny de memoire, ny d'esprit, qu'il auoit fait assez
paroistre, ayant enseigné quelques années, auec satisfaction, la Rhetorique
en France. Son humeur, en suite de cela,
estoit si esloignée des façons d'agir des
Sauuages, qu'il ne pouuoit quasi rien
agréer en eux, leur veuë luy estoit one-
reuse, leur entretien, & tout ce qui venoit de ce costé là. Il ne pouuoit se faire
aux viures du Païs, & la demeure des
Missions estoit si violente à toute sa nature, qu'il y auoit des peines extraordi-
naires, sans aucune consolation ; au
moins de celles qu'on appelle sensibles,
tousiours coucher à plate terre, viure depuis le matin iusqu'au soir dans vn petit
enfer de fumée, & dans vn lieu où souuent le matin on se trouue couuert de
neiges, qui entrent de tous costez dans
les cabanes des Sauuages où on est remply de vermine; où tous les sens ont cha-

cun leur tourment, & de nuict, & de iour,
n'auoir iamais que de l'eau toute pure
pour esteindre sa soif, & les meilleurs
mets qu'on y mange pour l'ordinaire,
n'estant que de la cole, faite de farine de
bled d'Inde boüillie dans l'eau: y trauailler sans cesse, estant tousiours si mal
nourry, & n'auoir pas vn seul moment
de la iournée, auquel on puisse se retirer
en vn lieu, qui ne soit public: n'auoir
point d'autre chambre, d'autre sale, ny
d'autre cabinet, pour faire ses estudes;
non pas mesme aucune autre lumiere,
que celle d'vn feu enfumé, entourré en
mesme temps de dix & de quinze personnes, & d'enfans de tous aages, qui
crient, qui pleurent, qui y disputent, qui
s'entretiennent de leur mesnage; qui y
font leur cuisine, leur repas, leur trauail,
en vn mot tout ce qui se fait dans la maison. Quand Dieu auec cela retire ses
graces sensibles, & se cache à vne personne, qui ne respire qu'apres luy; quand
il la laisse en proye à la tristesse, & aux
dégousts, & aux auersions de la Nature:
ce ne sont pas là des espreuues qui soiét
à la portée d'vne vertu commune; & il
faut que l'amour de Dieu soit alors puis-

fant dans vn cœur, pour n'y eftre pas eftouffé. Ioignez les veuës continuelles des perils, dans lefquels on fe trouue à chaque moment, d'eftre attaqué d'vn ennemy barbare, qui fouuent vous fera fouffrir mille morts, auant que d'en mourir d'vne feule; qui n'a que des feux & des flammes, & des cruautez inouyes. Sans doute qu'il faut vn courage digne des enfans de Dieu, pour ne pas perdre cœur au milieu de cét abandon.

C'à efté dans cét abandon que Dieu a voulu efprouuer les cinq & fix années, la fidelité de ce bon Pere. Mais tant s'en faut que le Diable ait iamais rien gagné fur luy, de ce cofté-là; quoy qu'il luy reprefentaft chaque iour, Que retournant en France, il y trouueroit & la ioye, & le repos, & les confolations qu'il y auoit receuës, tout le temps paffé de fa vie: qu'il n'y manqueroit pas d'employ plus fortable à fon naturel, & dans lequel tant d'ames Saintes pratiquent hautement la vertu de Charité, dans le zele des ames, & confomment leur vie pour le falut de leur prochain. Iamais pour tout cela, il n'a voulu fe détacher de la Croix où Dieu l'auoit mis; iamais il n'a demandé d'en sortir. Mais au contraire, pour s'y attacher plus inuiolablement, il s'obligea par vœu d'y demeurer iusques à la mort ; afin de mourir en la Croix. Voicy la teneur du vœu qu'il en conceust, & ces propres termes.

Domine Iesu Christe , qui me Apostolorum Sanctorum huius vineæ Huronicæ adiutorem, licet indignißimum , admirabili dispositione tuæ paternæ Prouidentiæ voluisti. Ego , Natalis Chabanel , impulsus desiderio seruiendi Spiritui tuo sancto , in promouendâ barbarorum Huroniæ , ad tuam fidem conuersione : Voueo , coram sanctißimo Sacramento pretiosi Corporis & Sanguinis tui , Tabernaculo Dei cum hominibus , perpetuam stabilitatem in hac Mißione Huronicâ : omnia intelligendo iuxta Societatis , & Superiorum eius interpretationem, & dispositionem. Obsecro te igitur , suscipe me in seruum huius Mißionis perpetuum , & dignum effice tam excelso ministerio , Amen. Vigesima die Iunij 1647.

Iesus-Christ mon Sauueur , qui par vne disposition admirable de vostre Paternelle Prouidence , auez voulu que ie fusse Coadjuteur des Saincts Apostres de cette vigne des Hurons , quoy que i'en sois tout à faict indigne : Me sen-

tant pouffé du defir , de feruir aux intentions qu'à fur moy voftre fainct Efprit, pour auancer la conuerfion à la foy,
des barbares de ce païs des Hurons ;
Moy, Noel Chabanel, eftant en la prefence du tres-fainct Sacrement, de voftre Corps & de voftre Sang precieux,
qui eft le tabernacle de Dieu auec les
hommes: Ie fais vœu de perpetuelle fta-
bilité en cette Miffion des Hurons ; entendant le tout, felon l'interpretation
des Superieurs de la Compagnie, & felon qu'ils voudront difpofer de moy. Ie
vous coniure donc, mon Sauueur, qu'il
vous plaife me receuoir pour feruiteur
perpetuel de cette Miffion, & que vous
me rendiez digne d'vn miniftere fi fubli-
me. *Amen.*

Il fit ce vœu le iour du tres-fainct Sacrement, de l'année 1647. & quoy que
du depuis ces reuoltes de la Nature ayent
toufiours donné de l'exercice à fa vertu ;
la grace a toufiours efté la maiftreffe, &
Dieu luy a donné cette perfeuerance,
qu'il defiroit fi ardemment.

La derniere fois qu'il fe fepara d'auec
nous, pour aller en la Miffion où il eft
mort ; embraffant, & difant le dernier

adieu, à celuy de nos Peres, qui auoit le
foin de la conduite de fon ame ; Mon
cher Pere, luy dit-il, que ce foit tout de
bon cette fois, que ie me donne à Dieu,
& que ie luy appartienne. Mais il profe-
ra ces paroles d'vn fi bon accent, & d'vn
vifage fi refolu à la vraye fainteté, qu'il
toucha viuement celuy de nos Peres auquel il parloit ; lequel ayant trouué à
l'heure mefme, vn de fes amis, ne pût
s'empefcher de luy dire ; Vrayement ie
viens d'eftre touché! Ce bon Pere vient
de me parler auec l'œil & la voix d'vne
victime qui s'immole : Ie ne fçay pas ce
que Dieu veut faire, mais ie voy qu'il
fait vn grand Saint.

En effet, Dieu le difpofoit au facrifice ; & il luy donnoit à luy-mefme, quelque forte de prefentiment. Il auoit dit a
vn de fes amis ; Ie ne fçay ce qu'il y a en
moy, & ce que Dieu veut difpofer de
moy : mais ie me fens tout changé en vn
point. Ie fuis fort apprehenfif de mon naturel ; toutefois maintenant que ie vay
au plus grand danger, & qu'il me femble
que la mort n'eft pas efloignée, ie ne
fens plus de crainte. Cette difpofition
ne vient pas de moy.

Lors

Lors qu'il partit de la Miſſion de ſainct Mathias, le iour meſme de ſa mort, parlant au Pere qui l'embraſſoit. Ie vay, dit-il, où l'obeïſſance me rappelle : mais où ie ne pourray, ou i'obtiendray du Superieur, qu'il me renuoye dans la Miſſion qui eſtoit mon partage, il faut ſeruir Dieu iuſqu'à la mort.

On verra dans la lettre ſuiuante, qu'il a eſcrit au R. P. Pierre Chabanel ſon frere Religieux de noſtre Compagnie, les ſentimens qu'il auoit des ſouffrances. Peu s'en eſt fallu, dit-il, dans les apparences humaines, que V. R. n'ait eu vn frere Martyr : mais helas ! il faut deuant Dieu, vne vertu d'vne autre trempe que la mienne pour meriter l'honneur du Martyre : Le R. P. Gabriel Lallement l'vn des trois que noſtre Relation dit auoir ſouffert pour Ieſus-Chriſt, auoit pris ma place au bourg de ſainct Louys depuis vn mois deuant ſa mort, que ie fus enuoié comme plus robuſte de corps en vne Miſſion plus eloignée & plus laborieuſe : mais non pas ſi fertile en Palmes & en Couronnes que celles dont ma lâcheté m'auoit rendu indigne deuant Dieu. Ce ſera quand il plaura à la diuine

Bonté, pourueu que de mon cofté ie tâche de faire. *Martyrem in vmbrâ & Martyrium fine fanguine.* Les rauages des Iroquois fur ce païs feront peut-eftre vn iour le refte par les merites de tant de Saints, auec lefquels i'ay la confolation de viure fi doucement parmy tant de tracas & de dangers continuels de la vie. La Relation me difpenfera d'ajoufter autre chofe à la prefente, auffi bien n'ay-je ny papier ny loifir qu'autant qu'il en faut pour fupplier V. R. & tous nos Peres de fa Prouince de fe fouuenir de moy au faint Autel, comme d'vne victime deftinée peut-eftre au feu des Iroquois, *Vt merear tot Sanctorum patrocinio victoriam in tam forti certamine :* Ce font fes paroles dignes d'vn homme qui n'attendoit que le moment du facrifice.

CHAPITRE V.

De la Miſſion de ſainct Mathias.

C'Eſtoit icy la feconde des Miffions, que nous auions dans la Nation du Petun. Depuis la mort des deux PP. dont

nous auons parlé ; la neceſſité d'ouuriers
nous obligea de ne faire plus qu'vne Miſſion, dans toutes ces Montagnes , ſur-
chargeant les deux autres Peres, qui y re-
ſtoient, du ſoin de ces pauures Egliſes
deſolées, qui venoient de perdre leurs
Paſteurs : & meſme, quelque temps apres,
nous nous viſmes contrains de ne laiſſer
qu'vn ſeul des deux Peres, pour tout le
Chriſtianiſme, vne maladie ſuruenuë à
l'vn deux, nous ayant obligé de le rap-
peller en vn lieu, où il peuſt receuoir vn
peu plus d'aſſiſtance.

Dans les grandes fatigues de ces Miſſions, expoſées à tous les malheurs dont
la Nature peut auoir plus d'horreur, co
n'eſt pas vne des Croix des moins peſan-
tes, de ſe voir ſeul, dans vne Egliſe diſſi-
pée, qui ne faiſoit que naiſtre : de ſe voir
accablé dés le matin iuſqu'au ſoir, d'vn
monde de Catechumenes & de Chreſtiens, dont il faut baptizer les vns, entendre les autres en Confeſſion, apprendre à la plus-part les prieres & le Cate-
chiſme, & les Myſteres de noſtre Foy,
ſolliciter les infideles à ce qui eſt de leur
ſalut, aller chercher & les vns & les autres, dans des cabanes abandõnées, où la

pauureté mesme habite, mais ou l'esprit de la Foy, n'y est pas moins diuin, que dans les Louures & dans les Palais les plus superbes de l'Europe.

Quelques Capitaines infideles, animez contre les progrez de la Foy, & croyans qu'elle seule estoit la ruine des païs qui se font Chrestiens, firent courir vne calomnie contre nous, afin d'irriter tout le peuple, & l'animer à la vengeance. On assemblé pour cét effet les plus considerables d'vn bourg, dependant de cette Mission, (c'estoit le bourg de saint Mathieu, dont nos Peres estoient alors absens:) On publie hautement dans ce conseil de sedition, qu'vn certain Huron eschapé depuis peu de iours, des mains des Iroquois plus voisins de Kebec, y auoit veu de grands coliers de Porcelene, enuoyez de la part d'Onnontio, (c'est le nom que donnent les Hurons à Monsieur nostre Gouuerneur.) Que cét Onnontio voulant diuertir les armes des Iroquois, crainte qu'ils ne se iettassent sur les François de Montreal, des Trois Riuieres, & de Kebec; auoit enuoyé ces presens, & ces coliers de Porcelene, dans le païs ennemy, afin de les inuiter de con-

duire vne armée dans le païs des Hurons;
& qu'il leur auoit promis, que les François qui y estoient, trahiroient les Hurons & les Algonquins; faisans mine de
se porter auec courage, à leur deffense :
mais qu'en effet lors qu'on seroit dans lé
combat, ils ne tueroient personne; ayans
receu des ordres secrets de sa part, de ne
charger leurs armes à feu, sinon de poudre seule, sans bale & sans plomb.

En suite de cette calomnie, on nous
fait plus noirs que nos robes, on crie aux
traistres & à la trahison, on ne parle que
de nous massacrer, & les boutefeux de
cette sedition, disent hautement, qu'il
faut assommer le premier des François
qu'on auroit au rencontre.

En effet, nos deux Missiõnaires, faisans
leur course, fort peu de iours apres, à ce
bourg de leur departement, où ce conseil s'estoit tenu : de loin qu'on les eust
apperceu, on crie, Au meurtre & au massacre : on court aux portes par où ils doiuent entrer : on les reçoit auec des cris &
des huées, semblables à celles, dont on
accueille les prisonniers de guerre, qui
sont destinez pour le feu. Nos Peres entrent à leur ordinaire, auec vn visage

E iij

aſſeuré. Qui craint Dieu, ne craint pas les creatures, & ceux qui ne ſouhaittent que de mourir en ſon ſeruice, ne paliſſét pas en ces rencontres. Les ſeditieux s'entreparlent, pour voir celuy qui leueroit la hache, ſur ces deux victimes innocentes. Ils ne iettent ſur eux, que des yeux de fureur, & leur cœur ne reſpire rien que le ſang. Mais Dieu leur lia les mains pour ce coup. Ces deux bons Peres paſſent à trauers cette foule d'impies, ſans receuoir aucun dommage. Pluſieurs qui n'eſtoient pas de la coniuration, mais qui n'en pouuoient ignorer les concluſions, qu'on auoit publiées, ſe diſoient les vns aux autres: Ne ſont-ce pas ceux-cy que l'on deuoit maſſacrer? comment donc ont-ils trauersé au milieu de leurs ennemis, preparez pour le meurtre? on eſt ſorty à la foule, pour les tuër, & pas vn toutesfois n'a fait le coup, que tant de monde auoit promis de faire.

Dieu ne ſe contéte pas de proteger nos Peres en ce recontre: mais pour recompenſer les fatigues & les dangers de leur voyage, en la monnoye dont il paye les iournées de ſes ſeruiteurs: en vn ſeul iour ils baptizerent dix-ſept perſonnes dans

ce bourg, où ils deuoient trouuer la
mort; & ils y confefferent quantité de
Chreftiens.

Le bourg de S. Iean n'auoit pas encore
efté pris, ny defolé par les Iroquois, lors
que cette fedition arriua: mais ce fut fort
peu de iours apres: & nous auons fuiet
de croire, que la mort du Pere Noël Chabanel, n'a efté qu'vn effect de cette coniuration. Veu nommément que le Huron, fur lequel tomba le foupçon de l'af-
faffinat, cõmis en la perfonne de ce Pere,
eftoit du bourg de S. Mathieu; & qu'vne
perfonne de confiance nous a dit, auoir
entendu de fa bouche, qu'il s'eftoit vanté
d'eftre le meurtrier, & d'auoir défait le
monde de cette voirie de François, &
d'auoir ietté dans la riuiere fon cadavre,
l'ayãt affommé à fes pieds. Quoy qu'il en
foit, ce n'eft pas vn petit bon-heur pour
ceux qui viuent en ces contrées, de fçauoir & de voir, que leur vie eft entre les
mains de tout le monde; & qu'ils doiuent attendre la mort, autant de la part
de ceux mefmes qu'ils reconnoiffent
pour amis, que d'vn Iroquois ennemy.

En vn autre bourg, dependant de cette
mefme Miffion, nos Peres y auoient eri-

gé vne petite Chapelle, & ils y auoient
esleué vn clocher, pour y appeller les
Chrestiens, & mettre dans ce nouueau
Christianisme, les exercices de deuotion, qui estoient desia establis dans les
Eglises plus anciennes. Les infideles entrent en fureur à la veuë de ces objets de
pieté; ils contrefont les possedez du Diable, s'ils ne le font en verité; ils rompent
tout, & ils profanent ce lieu de saincteté;
ils dérobent & ils pillent les petits meubles de cette pauure Eglise, & tout ce
qu'auoient les Peres, qui alors en estoiét
absens ayans esté faire leurs visites en des
bourgades plus esloignées. On porte cōme en triomphe ces dépoüilles de la maison de Dieu; on vomit des imprecations
contre ceux qui preschét sa parole, & on
publie hautement qu'ils meritét la mort.

Ces insolences sont arriuées plus d'v-
ne fois: mais qui a Dieu pour protecteur,
experimente mille fois en vn seul Hyuer,
que le Diable peut bien entrer en rage
contre nous, & qu'il a sujet de le faire,
voyant qu'on luy enleue sa proye; mais
qu'apres tout, Dieu est le maistre, qu'vn
seul cheueu ne peut tomber de la teste de
ses seruiteurs, sans sa diuine volonté; &

que la foy ne porte iamais plus de fruits,
que lors qu'elle eſt dauantage perſecu-
tée. Il falloit que le nombre des Eſlus de
Dieu fut accomply en toutes ces contrées, auant que leur deſolation arriuaſt
qui eſtoit ſi prochaine.

Vn pauure, mais excellent Chreſtien
de cette Miſſion, eſtoit tombé entre les
mains des ennemis, & n'attendoit rien
que le feu pour ſon ſupplice. Il euſt recours à Dieu dans ſa neceſſité. Mon
Dieu, dit-il, ie croy de tout mon cœur,
que vous ſeul eſtes le maiſtre de nos vies:
ſi vous voulez, i'eſprouueray dés auiour-
d'huy, que ma foy m'aura deliuré de la
mort, qui ſans voſtre ſecours m'eſt tout
à fait inéuitable. Choſe eſtrange! ce pauure homme fut déliuré à l'heure meſme
de ſa captiuité, l'Iroquois qui venoit de
le prendre captif, l'ayant renuoyé, ſans
ſçauoir pourquoy. Ce Chreſtien ſe nom-
me Pierre Outouré.

CHAPITRE VI.

De la Miſſion de ſainct Charles.

Qvelques Hurons, de ceux qui l'an
paſſé, craignans le feu des Iroquois,

auoient quitté leur païs, & s'esloignoient
de nous, pour fuir encore plus loin, ce
cruel ennemy : estans arriuez en vn lieu
qu'ils iugerent assez propre pour s'y habituer, s'y arresterenr & y bastirent leurs
cabanes, à dessein de s'y fortifier, & d'y
faire vn nouueau païs. Deux de nos
Missionnaire, l'vn de langue Algonquine, & l'autre qui parle Huron, ayans
parcouru tout l'Esté, les costes de nostre
mer douce, pour le secours spirituel tant
des Hurons, qui alors y estoient dispersez, que des peuples Algonquins, nous
representerent à leur retour qu'il seroit à
la gloire de Dieu, que quelqu'vn de nous
hyuernast en ce lieu, où plus de monde
deuoit se rassembler. Nous y destinasmes
donc vn de nos Peres, de la langue Hu-
rône, qui nous quitta au mois d'Octobre.

Lors qu'il fut arriué en cette nouuelle
habitation, quelques Chrestiens le receurent chez eux, auec vne charité qui
n'eût rien de sauuage. La premiere chose
qu'ils firent, fut de dresser de quelques
écorces d'arbres, vne Chapelle, riche
dans sa pauureté, où depuis le matin iusqu'au soir, Dieu ne laissoit pas d'estre
adoré, au milieu de ces vastes forests, où
iamais il n'auoit receu cét hommage.

Plufieurs qui n'eſtoient pas Chreſtiens,
ſe rendirent auſſi-toſt aux inſtructions
qu'on leur donna. Quelques autres accu-
ſoient la Foy, d'eſtre vne choſe mauuaiſe,
& ne vouloient pas y entédre: diſans que
iamais leur païs n'auoit eſté ſi affligé, que
lors qu'on auoit cómencé tout de bon, à
quiter leurs anciénes ſuperſtitiós, & à receuoir le Bapteſme. Ces gés-là eſtoiét les
plus riches, & les plus à leur aiſe, il falloit
que Dieu les humiliaſt, pour les ſauuer.

En effet, cóme ils n'auoiét quaſi aucune
prouiſion de bled, & que le plus fort de
leur eſperáce eſtoit ſur la peche, qui toutes les années eſt tres-abondante en ce
lieu là, pendát l'Hyuer; iamais elle ne s'y
eſt veuë ſi malheureuſe que celle-cy. Ils
font des trous dans la glace, eſpaiſſe de
deux & de trois pieds : au deſſous de laquelle ayans trouué l'eau viue, ils iettent
leurs rets, où d'ordinaire on puiſe quantité de poiſſon, qui accourt à ces ouuer-
tures. Mais cét Hyuer ils ne trouuoient
dás leurs filets aucun poiſſó, dix ou douze petits harács, qui quelquefois s'y ren-
controient, eſtoit vne manne du Ciel, à
ces pauures gens, qui mouroiét de faim.
Ils ſe virét bien-toſt au bout de leurs pe-

tites prouifions; fans bled, fans gland, &
fans legumes. D'aucuns alloient peler
les arbres, & faifoient boüillir les efcor-
ces pour les rendre mangeables: d'autres
viuoient d'vne certaine mouffe, qui s'attache aux rochers, & d'vne efpece de
tondre, qui pourry dedans l'eau, s'hu-
mecte, & fe renfle comme vne éponge.
Vne fois chaque iour, on faifoit cuire
dans vne grãde chaudiere, vn petit morceau de poiffon enfumé, qui rendoit vn
boüillon amer, dont vn chacun beuuoit
abondamment, afin de fe remplir, &
d'eftouffer fa faim par ces lauaces d'eau.

Ce bon Pere, fe vit enfin reduit à cette
vie, l'efpace de cinquante iours: qui apres
tout luy eftoient des iours bien-heureux; qui le faifoient benir Dieu, voyant
que cette mifere publique, abbatoit la
fuperbe de ceux qui du commencement
n'auoient pas voulu l'efcouter. Ils venoient comme des moutons, & demandoient le faint Baptefme; non pas dans
l'attente d'aucun fecours, qu'ils pûffent
efperer, d'vn homme qu'ils voyoient
dans la famine auffi bien qu'eux : mais à
caufe qu'ils admiroient que fon courage
n'en fuft pas abbatu qu'il eftoit leur cõ-

folation, dans la veuë qu'il leur donnoit alors, d'vn bon-heur eternel, exempt de toutes ces miferes. Il faut bien, difoient-ils, que ce qu'il nous prefche foit vray, puis qu'il ne craint pas de mourir auec nous, & de faim, & de froid ; & qu'il nous enfeigne le mefme dans noftre Pauureté, qu'il faifoit lors qu'il eftoit plus à fon aife.

Sur la fin de l'Hyuer, ces pauures fameliques, fe voyans mourir tous vifs dans ces miferes, fe diffiperent çà & là. Vne partie vinrent nous trouuer en l'Ifle où nous eftions, y efperans plus de fecours. Le Pere les y accompagna ; & apres fix grandes iournées d'vn chemin tres-penible, fur les glaces, de cette mer alors glacée, il arriua heureufement en cette maifon.

Vn autre de nos Peres, qui auoit hyuerné en la Miffion de faint Pierre, encore plus efloignée, n'euft pas moins à fouffrir, dans les mefmes miferes, qui par tout ont confommé ces peuples, & dont par tout Dieu a tiré fa gloire, difpofant toutes ces ames pour le Ciel, par des voyes adorables.

CHAPITRE VII.
De la Miſſion du Saint Eſprit.

CEtte Miſſion eſtoit pour les Nations de la langue Algonquine, qui
n'ont point de demeure aſſeurée, auſſi
peu que les poiſſons, de la peſche deſ-
quels ils viuent, ſur les coſtes du grand
Lac, qu'ils habitent, tantoſt en vn lieu, &
tantoſt en vn autre, ſelon les diuerſes ſai-
ſons de l'année; ou ſelon que les craintes
des Iroquois les obligent de s'eſloigner
plus loin, du peril qui les menace chaque
iour. C eſt à dire que nos Peres qui ont
eu le ſoin de cette Miſſion, y ont mené
vne vie errante, auec ces peuples errans,
& ont eſté quaſi toûjours deſſus les eaux,
ou ſur quelques rochers affreux, battus
des flots & des tempeſtes. Mais par tout,
Dieu s'y eſt fait connoiſtre ; n'eſtant pas
moins le Dieu des mers, que le Dieu de
la terre. Quantité de ces natiõs errantes,
ont pris feu depuis vn an aux paroles de
l'Euangile : quantité ſe ſont faits Chreſtiens, & ont receu le S. Bapteſme : meſme leurs Capitaines, qui iamais n'a-
uoient voulu ſe faire inſtruire. Voicy ce
que m'en écriuoit le Pere, qui cét Hyuer

auoit le foin de cette Miffion. Ie benis
Dieu, dit-il, de l'affiduité de ces bonnes
gens à venir prier Dieu: i'admire leur innocence, & le defintereffement du tem-
porel ; eux ne me demandans rien , &
moy n'ayant rien dequoy leur donner.

Les barbares ne font pas fi barbares
qu'on les croit en France, ou pour mieux
dire , il faut aduoüer que la foy dompte
la barbarie, & qu'elle donne vn cœur
Chreftien, à des gens qui n'auoient que
des cœurs de befte.

Il eftoit temps que Dieu leur donnaft
cét efprit de foy: car le Prin-temps eftant
venu, les Iroquois partis de deux cents
lieuës de là, furprirent vne partie de ces
bons Neophytes, dans le lieu qu'ils efti-
moient le plus affeuré pour leur vie. Ils
entraifnerent dans la captiuité, hommes,
femmes, & enfans ; fans pardonner à cét
aage innocent, qu'ils brufloient au milieu des flammes, auec des cruautez inconceuables. Les voyes de Dieu font
adorables : il laiffe profperer les ennemis
de fon faint Nom ; en mefme temps qu'il
abandonne à toutes les miferes, ceux qui
commencent à l'adorer. Qu'il en foit beny à iamais.

CHAPITRE VIII.

De la desolation du païs des Hurons, au Prin-temps de l'année 1650.

NOus auions passé tout l'Hyuer, dans les extremitez d'vne famine qui a regné par toutes ces côtrées, & qui par tout a enleué vn tres-grand nombre de Chrestiens, continuant tousiours ses rauages, & iettant le desespoir par tout. La faim est vn tyran inexorable, qui iamais ne dit c'est assez, qui iamais ne donne de treue, qui deuore tout ce qu'on luy donne; & si on manque à le payer, il se repaist du sang humain, il vous déchire les entrailles, sans qu'on puisse euiter sa rage, ny se soustraire de sa veuë, tout aueugle qu'il est. Mais le Prin-téps estant venu, les Iroquois nous furent encore plus cruels: & ce sont eux qui vrayement ont ruiné toutes nos esperances, & qui ont fait vn lieu d'horreur, vne terre de sang & de carnage, vn theatre de cruauté, & vn sepulchre de carcasses décharnées par les langueurs d'vne longue famine, d'vn païs de benediction, d'vne terre de Sainteté, & d'vn lieu qui n'auoit plus rien de barbare, depuis que le sang

des

respandu pour son amour auoit rendu
tout son peuple Chrestien.

Nos pauures Hurons affamez furent
contraints de se separer d'auec nous, au
commencement du mois de Mars, pour
aller chercher quelque gland au sommet
des montagnes qui se découuroient de
leurs neges;ou pour aller à quelques pesches, en des lieux plus exposez au Soleil
du Midy,ou les glaces se fondét pluſtoſt.
Ils esperoient en ces lieux escartez, de
trouuer quelque petit soulagement à la
famine, qui les faiſoit mourir tout vifs,
comme vn ennemy trop domeſtique ren-
fermé dans leurs propres maiſons,& qui
s'eſtoit rendu le maiſtre de la place. Mais
ils craignoient en meſme temps, de trouuer vne mort plus cruelle, & de tomber
dans les feux & les flammes des Iroquois,
allans ainsi chercher leur vie. Ils se con-
feſſent auant que de partir, ils redoublēt
leurs deuotions d'autant plus que leurs
miseres s'augmentēt: pluſieurs se cõmu-
nient pour se diſposer à la mort; iamais
leur foy ne fut plus viue, & l'esperance
du Paradis ne leur parut iamais plus douce, que dans ce deſespoir & cét abandon
de leur vie. Ils diuiſent leurs troupes;afin

F

que si les vns tomboient entre les mains
de l'ennemy les autres pûssent eschaper.

Le grand Lac, qui entouroit noftre Isle
de Saint Ioseph, n'estoit alors rien qu'vne
crouste de glaces, espaisses de deux & de
trois pieds. A peine ces bons Chrestiens
nous quittoient-ils de veuë, que ces glaces fondent sous leurs pieds: d'aucuns se
noyent dans ces abysmes, & y trouuerent
leur tombeau; les autres s'en retirét plus
heureusement quoy que transis d'vn
froid mortel. Ce fut vne mort bié cruelle, a de pauures vieillars, à des femmes &
à des enfans, de rendre l'ame sur ces neges, sans aide & sans secours : mais non
pas sans la consolation de celuy, qu'ils
adoroient dedans leur cœur, & qui iamais n'y pût mourir.

Vne vieille Chrestienne, aagée de soixante ans, ayant passé toute la nuit cou-
chée au milieu de ces glaces, y fut trouuée pleine de vie le lendemain matin.
On luy demande, qui l'auoit conseruée.
Ie m'escriois de fois à autres, respondit
elle, *Iesous taitenr*, Iesus ayez pitié de
moy: en mesme temps ie me sentois toute eschauffée: le froid me saisisát à quelque temps de là ie recommençois ma

priere & mon corps reprenoit sa chaleur,
i'ay passé toute la nuit en cette sorte, &
i'attendois la mort auec plaisir. Cette
pauure femme, ne sçauoit rien que ces
deux mots de toutes ses prieres, elle en
réchapa pour lors: mais du depuis elle
est tombée entre les mains des ennemis,
& y trouua la fin de ses miseres.

Nos pauures fameliques cōmençoient
à iouïr des douceurs de leur pesche,
qu'ils trouuerent assez abondante: mais
leur ioye deuoit estre plus pour le Ciel,
que pour la terre. Le iour de l'Annontia-
tion, vingt-cinquiesme de Mars, vne armée d'Iroquois ayans marché prez de
deux-cents lieuës de païs, à trauers les
glaces & les neges, trauersans les montagnes & les forests pleines d'horreur,
surprirent au commencement de la nuit,
le camp de nos Chrestiens, & en firent
vne cruelle boucherie. Il sembloit que le
Ciel conduisit toutes leurs demarches,
& qu'ils eussent vn Ange pour guide: car
ils diuiserent leurs troupes auec tant de
bon-heur, qu'ils trouuerent en moins de
deux iours, toutes les bandes de nos
Chrestiens qui estoient dispersées çà &
là, esloignées les vnes des autres, de six,

sept, & huit lieuës. Cent personnes en vn lieu; en vn autre cinquante : & mesme il y auoit quelques familles solitaires, qui s'estoient escartées en des lieux moins connus, & hors de tout chemin. Chose estrange ! de tout ce monde dissipé , vn seul homme s'eschapa, qui vint nous en apporter les nouuelles : comme il atriua autrefois à ce prodige de Patience, auquel il ne restoit dedans ses pertes; sinon vn triste messager, qui venoit hors d'halene, luy en donner aduis , & luy rendre son mal-heur plus sensible.

Ma plume n'a plus d'ancre, pour exprimer la rage des Iroquois, en ces rencontres, elle à horreur de representer si souuent des spectacles de cruauté , ausquels nos yeux ne peuuent pas s'appriuoiser, aussi peu que nos sens; qui iamais ne sont insensibles à l'excez de tous ces tourmens de fureur. Nostre vnique consolation , c'est que ces supplices d'horreur, trouuent la fin auec nos vies, & que Dieu les couronnera d'vn bon-heur qui n'a point de fin.

Du depuis , les malheurs nous ont accüeilly à la foule, à peine les Chrestiens, qui restoient dans le bourg Saint Ioseph,

auoient refpiré quelques iours; pour re-
leuer leurs efperances, apres vn coup fi
rude, qui les auoit tous abbatu. Ils trem-
blent dans la crainte des flammes, & de
la cruauté des Iroquois : mais vn mal
qu'ils n'enuifagent que de loin, leur paroift moins terrible, que la douleur prefente, d'vne famine infupportable, qui
les portoit iufques aux rebuts de la nature, & les faifoit deuorer des carcaffes
pourries ; la Mere n'auoit point d'horreur d'affouuir fa faim enragée du corps
de fon enfant; & les enfans ne pardon-
noient pas au corps de leur Pere.

La faim, dit-on, fait fortir les loups hors
du bois. Nos Hurons fameliques, font
auffi contrains de fortir hors d'vn bourg,
qui n'eftoit remply que d'horreur. C'e-
ftoit fur la fin de Carefme. Helas! que ces
pauures Chreftiés euffent efté trop heureux, s'ils euffent eû dequoy le ieufner,
au gland & à l'eau. Le iour de Pafque,
nous leur fifmes faire vne communion
generale : le lendemain, ils fe feparerent
d'auec nous : nous laiffans tous leurs petits meubles : dont la plufpart declare-
rent publiquement qu'ils nous faifoient
leurs heritiers ; voyans bien que leur

mort n'eſtoit pas eſloignée , & qu'ils la portoient dans leur ſein.

En effet , peu de iours s'écoulent , que nous apprenons les nouuelles du mal-heur que nous auions preueu. Ce pau-ure troupeau diſſipé tombe dans les em-buſches de nos ennemis Iroquois : les vns ſont tuez ſur la place ; on traiſne les autres captifs, on bruſle les femmes & les enfans quelques-vns s'échaperent du milieu de ces flammes , qui apportent l'effroy & la terreur par tout.

Huit iours apres , vn ſemblable mal-heur accueille encore vne autre bande. Ce ne ſont que maſſacres en quelque lieu qu'ils aillent. Par tout la famine les ſuit ; où ils rencontrent vn ennemy , plus cruel que la cruauté meſme : & pour com-ble d'vne miſere ſans reſſource, ils appré-nent que deux puiſſantes armées ſont en chemin, pour les venir exterminer : que la premiere vient à deſſein de faire le dé-gaſt dans leurs champs, d'arracher leurs bleds d'Inde, & de deſoler la campagne ; que la ſeconde armée doit moiſſonner tout ce qui auroit échapé la fureur des premiers. Ce n'eſt que deſeſpoir par tout.

Dans le plus fort de toutes ces alarmes,

deux anciens Capitaines viennent me
trouuer en secret, & me firent cette ha-
rangue. Mõ frere, me dirent-ils, tes yeux
te trompent lors que tu nous regarde : tu
croy voir des hommes viuans; & nous ne
sommes que des spectres, & des ames de
trespassez. Cette terre que tu foule aux
pieds va s'entr'ouurir, pour nous abismer
auec toy ; afin que nous soyons au lieu
qui nous est deu parmy les morts. Il faut
que tu sçache, mon frere, que cette nuit
dans vn conseil, on a pris la resolution
d'abandonner cette Isle. La pluspart ont
dessein de se retirer dans les bois, afin de
viure solitaires, & qu'homme du monde
ne sçachant où ils sont, l'ennemy n'en
puisse auoir la connoissance : Quelques-
vns font estat de reculer à six grandes
iournées d'icy : les autres prennent leur
route vers les peuples d'Andastoé, alliez
de la nouuelle Suede : d'autres disent
tout haut, qu'ils vont mener leurs femmes & leurs enfans, pour se ietter entre
les bras de l'ennemy ; où ils ont vn grand
nombre de leurs parens, qui les desirent,
& qui leur donnent aduis, qu'ils ayent à
se sauuer au plustost, d'vn païs desolé, s'ils
ne veulent perir dessous ses ruines : Mon

frere, ajouſtoient-ils, que feras-tu ſoli-
taire en cette Iſle, lors que tout le monde t'aura quitté? es-tu venu icy pour cul-
tiuer la terre? veux-tu enſeigner à des
arbres? ces Lacs, & ces Riuieres, ont
elles des oreilles pour eſcouter tes in-
ſtruſtions? pourrois-tu ſuiure tout ce
monde, qui ſe va diſſiper? la pluſpart
trouueront la mort, où ils eſperent trouuer la vie: quand tu aurois cent corps,
pour te diuiſer en cent lieux, tu ne pourrois pas y ſuffire, tu leur ſerois à charge,
& tu leur ſerois en horreur: La famine les
ſuiura par tout, & la guerre les trouuera.

Mon frere, prend courage, m'ajouſ-
ſterent ces Capitaines. Toy ſeul, nous
peux donner la vie, ſi tu veux faire vn
coup hardy. Choiſis vn lieu, où tu puiſ-
ſe nous raſſembler, & empeſche cette
diſſipation, iette les yeax du coſté de Kebec, pour y tranſporter les reſtes de ce
païs perdu, n'attens pas que la famine,
& que la guerre, ayent maſſacré iuſques
au dernier, tu nous porte dedans tes
mains, & dans ton cœur. La mort t'en a
rauy plus de dix mille. Si tu differe dauantage il n'en reſtera plus vn ſeul: &
alors tu aurois le regret de n'auoir pas

fauué ceux que tu aurois pû retirer du danger, & qui t'en ouurent les moyens. Si tu écoute nos defirs, nous ferons vne Eglife à l'abry du fort de Kebec: noftre foy n'y fera pas efteinte: les exemples des Algonquins & des François nous tiendront en noftre deuoir: leur charité foulagera vne partie de nos miferes: & au moins y trouuerons-nous quelquefois quelque morceau de pain pour nos petits enfans, qui depuis fi long-temps, n'ont que du gland, & des racines ameres, pour fouftenir leur vie. Apres tout, deuffions nous mourir auec eux, la mort nous y fera plus douce, qu'au milieu des forefts, où perfonne ne nous affifteroit à bien mourir, & où nous craignons que noftre foy ne s'affoibliffe auec le temps, quelque refolution que nous ayons de la cherir plus que nos vies.

Ayant entendu le difcours de ces Capitaines, i'en fis le rapport à nos Peres. L'affaire eftoit trop importante, pour la conclure en peu de iours. Nous redoublons nos deuotions; nous confultons enfemble; mais plus encore auec Dieu; nous faifons des prieres de quarantes heures, pour reconnoiftre fes fainctes vo-

lontez. Nous examinons cette affaire,
quinze, seize & vingt fois. Il nous semble de plus en plus que Dieu auoit parlé
par la bouche de ces Capitaines. Car
nous voyons qu'il estoit vray, que tout le
païs des Hurons, n'estoit plus qu'vne terre d'horreur, & vn lieu de massacre. En
quelque endroit que nous iettassions nostre veuë, nous estions conuaincus, que
la famine d'vn costé , & la guerre d'vn
autre, acheueroient d'exterminer ce peu
qui restoit de Chrestiens. Mais si nous
les pouuions mener à l'abry du fort de
nos François , de Montreal , des trois
Riuieres , ou de Kebec ; nous iugions
qu'en effet ce seroit-là l'vnique lieu de
leur refuge que les secours que nous
pourrions leur rendre , y seroient plus
puissans, & que leur foy y seroit plus en
asseurance : en vn mot, que Dieu y seroit
plus glorifié.

Ce fut vn sentiment si general de tous
nos Peres, que ie ne pû y resister, estant
d'ailleurs bien asseuré que leur cœur
estoit tellement attaché aux croix & aux
souffrances, qu'ils cherissoient dans cette heureuse Mission ; que chose au monde ne les eust pû détacher sinon l'vnique

veuë de la plus grande gloire de Dieu.

L'ennemy cependant continuë toûjours fes maffacres ; la famine va nous
depeuplant, fi nous ne haftons noftre retraicte nous fauuerons moins de Chreftiens. Le deffein en ayant efté pris à loifir, l'execution en deuoit eftre prompte;
crainte que l'Iroquois n'entendant ces
nouuelles, n'allaft nous tendre des em-
bufches, pour nous arrefter au paffage.

Ce ne fut pas fans larmes que nous
quittafmes ce pays, qui poffedoit nos
cœurs, qui arreftoit nos efperances, &
qui eftant defia rougy du fang glorieux
de nos freres, nous promettoit vn fem-
blable bon-heur, nous ouuroit le chemin du Ciel,& la porte du Paradis. Mais
quoy! il faut s'oublier de foy-mefme, &
quitter Dieu; pour Dieu, ie veux dire,
qu'il merite luy feul d'eftre feruy, fans la
veuë de nos interefts, fuffent-ils les plus
Saints que nous puiffions auoir au
monde.

Dans ces regrets, ce nous fut vne confolation, d'emmener auec nous de pauures familles Chreftiennes ; enuiron
trois cents ames : triftes reliques d'vne
nation autrefois fi peuplée; que les mi-

feres ont accueilly , au temps qu'elle a esté la plus fidele à Dieu. Le Ciel y auoit ses esluz ; il s'est peuplé de nos dépoüilles, en depeuplant la terre : & ce nous est assez, pour nous contenter dans nos pertes, de voir que ceux qui sont restez auec nous ; ayans perdu leurs biens, leurs parens, leur patrie, n'ayent pas perdu leur foy. Plus de trois mille auoient depuis vn an receu le Saint Baptesme, qu'eussions-nous pû plus saintement leur souhaitter , sinon qu'ils emportassent dans le Ciel leur innocence baptismale? Dieu leur a fait cette grace, plustost qu'ils ne s'y attendoient , pourrions-nous bien nous plaindre, qu'il leur ait hasté ses faueurs? puisque nous-mesmes nous nous fussions estimez trop heureux, de mourir en leur compagnie pour ioüyr du mesme bon-heur.

Par les chemins, qui sont d'enuiron trois cent lieuës, nous auons marché sur nos gardes, comme dans vne terre ennemie : n'y ayant aucun lieu où l'Iroquois ne soit à craindre , & où nous n'ayons veu des restes de sa cruauté, ou des marques de sa perfidie. D'vn costé nous enuisagions des campagnes, où il n'y a pas dix années , que i'y comptois les huit & dix mille hommes : de tout celà, il n'en reſtoit pas meſme vn ſeul. Paſſant plus outre , nous coſtoyions des terres, nouuellement rougies du ſang de nos Chreſtiens. D'vne autre part vous euſſiez veu des piſtes encores toutes fraiſches, de ceux qu'on auoit emmenez captifs. Vn peu plus loin ; il n'y auoit que des carcaſſes de cabanes, abandonnées à la fureur de l'ennemy, ceux qui les habitoient ayans pris la fuite dans les bois, & s'eſtans condamnez à n'auoir plus d'autre demeure qu'vn perpetuel banniſſement. Les Nipiſſiriniens peuples de la langue Algonquine, auoiét eſté tout nouuellement maſſacrez dans leur lac, de quarante lieuës de contour: lequel autrefois i'auois veu habité quaſi tout le long de ſes coſtes, & lequel maintenãt n'eſt plus rien qu'vne ſolitude. Vne iournée plus en deçà nous trouuaſmes vne fortereſſe, où les Iroquois auoient paſſé l Hyuer venãs à la chaſſe des hommes. A quelques lieuës de là , nous en trouuaſmes encore vne autre. Partout, nous marchions ſur les meſmes démarches de nos plus cruels ennemis.

Au milieu du chemin, nous eufmes vne alarme affez viue, vne troupe d'enuiron quarante François, & de quelques Hurons, qui auoient hyuerné à Kebec, & qui montoient cette grande riuiere, apperceurent quelques piftes de nos découureurs, & creurent que c eftoit l'ennemy : En mefme temps noftre auantgarde euft auffi connoiffance des piftes de ceux qui venoient de nous découurir. Les vns & les autres eftans retournez fur leurs pas, chacun fe prepare au combat : mais eftás venus aux approches, nos alarmes furent bien-toft changées en ioye.

Ces François que nous eufmes au rencontre, auoient fait prife depuis fort peu de iours, de quelques Iroquois, qui auoient voulu les furprendre, & qui euffent fait vn coup auffi heureux qu'il eftoit remply de courage, s'ils fe fuffent affez promptement retirez apres leur premiere décharge. Ils n'eftoient que dix Iroquois, qui auoient hyuerné enuiron foixante lieuës au deffus des Trois Riuieres, où ils ne viuoient que de chaffe; attendant au Prin-temps quelque bande, ou de François, ou de Hurons qui paff-feroient par là. Ces ennemis ayans apper-

ceu sur le soir, la fumée du feu des François, qui s'estoient cabanez enuiron vne
lieuë proche de leurs embusches, viennent de nuiﬅ les reconnoiﬆre, & ils eurent bien l'asseurance, dix qu'ils estoient,
d'en attaquer soixante. Il eﬆ vray qu'ils
se glisserent à la faueur d'vne nuiﬅ ob-
scure, & qu'ils prirét leur route auec tant
de bon-heur, qu'ils ne furent pas apper-
ceus des sentinelles, sinon lors qu'ils
estoient desia dedans le camp, & qu'ils
déchargerent les coups de mort sur les
premiers qu'ils rencontrerent en leur
chemin, tout le monde eﬆant endormy.

Il semble que la mort ne cherchoit que
les bons Chreﬆiens, & les colomnes de
noﬆre Eglise Huronne, ils en tuerent
sept auant qu'on se fuﬆ reconnu, entr'-
autres vn Capitaine nommé Iean Bapti-
ﬆe Atironta, dont souuent nous auons
parlé dans nos Relations precedentes,
lequel ayant hyuerné à Kebec cette derniere année, y auoit edifié tout le monde, par l'innocence de sa vie, & par l'e-
xemple de ses vertus.

Le Pere Bressany qui nous ramenoit
cette troupe, auec laquelle il eﬆoit des-
cendu des Hurons sur la fin de l'Eﬆé

precedent, se resüeille au bruit de ces meurtres, il voit à ses costez ses compagnons, qui desia auoient receu le coup de la mort, il crie aux armes, & en mesme temps il reçoit trois coups de flèche dans la teste, qui le couurent tout de son sang. On accourt au secours, six Iroquois furent tuez sur la place, deux furent pris captifs; les deux derniers n'en pouuant plus laschent le pied, & se sauuent à la fuite. Voila quels sont nos ennemis, ils sont sur vous, lors qu'on les croit à deux cents lieuës de là; & au mesme moment ils s'éuanouyssent de vos yeux, si ayans fait leur coup ils veulent songer à la retraicte.

Cette troupe, qui nous eust au rencontre : ayant appris la déroute de tout le païs des Hurõs, prend dessein de retourner dessus ses pas. Nous suiuons donc nostre chemin. Helas que ces malheureux Iroquois ont causé de desolation en toutes ces contrées ! Lors que ie montois cette grande Riuiere, il n'y a que treize ans : ie l'auois veu bordée de quantité de peuple de la langue Algonquine, qui ne connoissoient pas vn Dieu : & lesquels au milieu de l'infidelité s'estimoient les

Dieux

Dieux de la terre : voyans que rien ne
leur manquoit, dans l'abondance de
leurs pesches, de leurs chasses, & du
commerce qu'ils auoient auec leurs nations alliées : & auec celà, ils estoient la
terreur de leurs ennemis. Depuis que la
foy est entrée dans leur cœur, & qu'ils
ont adoré la Croix de Iesus-Christ ; il
leur a donné pour partage vne partie de
cette Croix vrayement pesante : les
ayant mis en proye aux miseres, aux tourmens, & à des morts cruelles, en vn mot,
c'est vn peuple effacé de dessus la terre.
Nostre vnique consolation, c'est qu'e-
stans morts Chrestiens, ils sont entrez
dans le partage des veritables enfans de
Dieu. *Flagellat Deus omnem filium quem
recipit.*

CHAPITRE IX.

*De l'establissement de la Colonie Hu-
ronne, à Kebec.*

APres enuiron cinquante iournées
d'vn chemin tres-penible, dans lequel nous fismes quantité de naufrages,
plusieurs de nous estans tombez dans des

precipices affreux, & dans le milieu des abifmes; d'où Dieu nous retiroit d'vne main amoureufe, contre nos efperances: enfin nous arriuafmes à Kebec, le vingt-huictiéme de Iuillet.

Nous auons fejourné deux iours a Montreal, où nous y fufmes receus auec vn cœur de Charité vrayement Chreftienne. C'eft vn lieu auantageux pour l'habitation des Sauuages. Mais cette place eftant frontiere à l'Iroquois, que nos Hurons fuyent plus que la mort mefme: ils ne peurent pas fe refoudre d'y commencer leur Colonie. Si l'Iroquois pouuoit eftre arrefté: cette Ifle feroit bien-toft toute peuplée: & mefme ie ne fuis pas hors d'efperance, qu'auant l'Hyuer quelques familles de ces bons Chreftiens fugitifs, n'y aillent faire leur demeure.

C'eft la couftume de ces peuples, mefme des Infideles, lors qu'vne nation fe refugie dans quelque païs eftranger; que ceux qui les reçoiuent les diftribuent incontinent dans diuerfes maifons, où non feulement on leur donne le gifte, mais auffi les neceffitez de la vie, auec vne Charité qui n'a rien de barbare: &

qui vn iour fera honte à quantité de peuples, qui font nez dans le Chriftianifme.
I'ay veu dans les Hurons pratiquer tres-
fouuent cette hofpitalité : autant de fois
que nous y auons veu des nations defo-
lées, des bourgs ruinez, & quelque
peuple fugitif, fept & huit cent perfonnes trouuoient dés leur abord, des hoftes charitables, qui leur tendoient les
bras, qui les fecouroient auec ioye, &
qui mefme leur diftribuoient vne partie
des terres defia enfemencées, afin qu'ils
pûffent viure, quoy qu'en vn païs eftranger, comme dans leur Patrie.

Nos Hurons fe promettoient au
moins, vne partie de cét accueil, eftans
arriuez à Kebec. Les Religieufes Hofpi-
talieres ouurirent incontinent & leur
cœur, & leurs mains, & le fein de leur
Charité : non feulement pour les malades : mais auffi pour quelques vnes de
ces pauures familles, que la famine
pourfuiuoit. Les Vrfulines pareille-
ment, auec leur bonne fondatrice, Madame de la Peltrie, ont entrepris en ce
rencontre, au deffus de leurs forces:
mais non pas au deffus de leur confiance qu'elles ont en Dieu, elles fe charge-

rent incontinent d'vne famille tres-
nombreufe ; la premiere qui dans le païs
des Hurons ait embraffé la foy. Leur fe-
minaire fut ouuerta de petites filles, qui
accreurent leur nombre, & le zele de ces
bonnes Meres, ne trouuant point quaſi
de bornes, leurs claffes s'ouurirent auffi
à quantité d'externes : qu'elles inftrui-
fent du Catechifme, en langue Huronne : & aufquelles elles donnent à manger : eftendant ainfi leurs Charitez en
mefme temps & fur les corps, & fur les
ames. Trois ou quatre perfonnes des plus
confiderables, fe font chargez auffi, chacun du foin d'vne famille. Mais apres
tout, il eft refté plus de deux cents de ces
pauures Chreftiens, qui n'ont pû ttou-
uer aucun fecours, dans la famine qui
les preffe, & qui les fuit par tout.

Ie prie Noftre Seigneur de donner les
veritables fentimens d'vne charité vray-
ment Chreftienne, à tous ceux qui ont
vne fi riche occafion de la pratiquer. En
attendant qu'on puiffe faire dauantage :
& quoy qu'il coufte, nous tafcherons
comme leurs Peres, de fubuenir à leurs
neceffitez. Par les chemins, nous les
auons nourris, dans leur propre païs,

Dieu nous fournissoit les moyens de soulager vne partie de leurs miseres. Nous auons répandu pour eux nostre sang & nos vies, pourrions-nous apres cela leur refuser ce qui est hors de nous, qui puisse estre en nostre pouuoir? Ils viennent tous les iours querir chez nous, la portion qu'on leur distribuë, ils se sont bastis eux-mesmes leurs cabanes, ils tascheront par leur trauail de chercher quelque partie de leur nourriture. Si apres nous estre épuissez, nous nous voyons dans l'impuissance de continuer nos charitez, & qu'ils meurent icy de famine, proche de nos François; au moins aurons-nous cette consolation, qu'ils y mourront Chrestiens.

Mais la famine n'est pas le mal qui soit le plus à craindre. C'est la terreur des Iroquois, qui menacent toutes ces contrées, qui font sentir par tout leur barbarie, & qui de plus en plus vont continuans leur rage, non seulement contre les restes des Algonquins & des Hurons: mais tournent maintenant le poids de leur fureur contre nos habitations Françoises.

Il n'y a que fort peu de iours, qu'vne

autre bande de vingt-cinq à trente Iro‑
quois, eurent bien l'asseurance d'atta‑
quer en plein iour, proche des Trois Ri‑
uieres, plus de soixante de nos gens, qui
les alloient chercher. Ces mal-heureux
sont a demy corps dans la bouë, dans des
marets, & cachez dans des ioncs ; d'où
ils font leur décharge, & où on ne peut
pas les aborder. Se voyans trop pressez,
ils prennent la fuite ; & s'embarquent
dans leurs canots. Nos gens ne peuuent
pas tousiours marcher de compagnie ;
plusieurs demeurént en arriere. Les Iro‑
quois les voyans desunis, tournent visa‑
ge, & combattent contre ceux qui sont
auancez des premiers : quand ils voyent
qu'on se reünit, ils reprennent la fuite
auec ordre ; & apres quelque temps, ils
reprennent aussi le combat : en vn mot,
ce sont des Protées qui changent de fa‑
ce à tout moment ; & on ne doit pas croi‑
re qu'ils soient & sans conduite, & sans
courage.

Nous perdismes en ce rencontre quel‑
ques-vns de nos meilleurs soldats : d'au‑
tres furent gri éuement blessez. Les Iro‑
quois se voyans trop viuement pressez,
firent vne retraite, auec vn ordre, qui

n'euſt rien de barbare. Auſſi, leur conducteur, & le chef de ces ennemis de la
foy, eſtoit vn Hollandois; ou pluſtoſt l'a-
bomination d'vn peché, & vn monſtre
produit, d'vn Pere Hollandois Hereti-
que, & d'vne Payenne.

Iuſques à quand Dieu permettra-il
qu'on face vne terre d'horreur, d'vn païs
qui ſans ces barbares ne ſeroit que benediction. Car n'euſt eſté leur cruauté, le
nom de Dieu auroit penetré bien auant
dans vn grand nombre de peuples infideles, qui reſtent encore à conuertir; La
Croix de Ieſus-Chriſt ſe feroit io ur, au
milieu des tenebres du Paganiſme qui y
regne, & le Paradis s'ouuriroit à vn mil-
lion de pauures Ames, qui n'ont que l'enfer pour partage.

Nous attendons auant l'Hyuer trois
cent Chreſtiens Hurons, qui viendront
accroiſtre noſtre Colonie commencée;
ſix cents hommes de la Nation Neutre,
nous ont fait porter la parole, qu'ils
viendroient l'Eſté prochain, nous demander des armes & du ſecours, ayans
maintenant guerre ouuerte auec les Iroquois, en meſme temps, il faudroit
fondre ſur cét ennemy de la foy, &

trouuer les moyens de leur porter la guerre dans leur propre païs. En vne année de bon succez ; & apres vn effort, digne du zele que tant de saintes Ames ont pour la conuersion des Sauuages, on auroit exterminé cette poignée de gens, qui ne viuent que pour renuerser les ouurages de Dieu.

Apres cela, nos esperances reflori-roient, & la gloire de nos Eglises, seroit encore plus grande, que n'a esté l'innocence & la saincteté de celles, dont nous deplorons maintenant les ruines.

Mais puis que nous parlons de l'establissement d'vne Colonie Huronne à Kebec, mettons en suitte quelques Chapitres des Sauuages circonuoisins, affoiblis, en terre par les mesmes ennemis, & par les mesmes persecutions, & fortifiés pour le Ciel par vne mesme creance.

CHAPITRE X.

De l'Eglise de sainct Ioseph à Sillery.

CEtte Eglise n'a pas esté exempte des calamitez, qui comme vn torrent ont inondé le pauure païs des Hurons. On nous escrit d'Europe, que les malheurs sont si vniuersels, qu'on diroit quasi, que les colomnes de l'Vniuers sont esbranlées. Nous auons cette consolation dans nos miseres, que nostre creance, est bien souuent nostre grand crime, & que la guerre d'vn Estat tout barbare, est quasi changée en vne guerre Saincte. Car la plus part de nos Chrestiens, ne prennent les armes depuis quelque temps, que pour conseruer le Christianisme dans leurs nouuelles Eglises. Or comme les Croix sont le fondement de la Religion, & que Dieu n'a point détruit son Eglise par les persecutions, nous esperons que les guerres, les famines,

& les martyres, qui peuplent l'Eglife
triomphante de nos bons Chreftiens,
n'abifmeront pas ces pauures Eglifes mi-
litantes & fouffrantes. Les fleuues qui fe
cachent fous terre, ne font pas perdus; ils
en fortent auec l'eftonnement de ceux
qui en ignorent la fource & l'origine:
mais entrons en difcours.

Vne troupe de Chreftiens de fainct
Iofeph, s'eftans ioints ce Prin-temps
auec quelques Sauuages des Trois Riuieres, & auec quelques Hurons, à deffein, comme ils difent d'aller coupper les
pieds à quelques-vns de leurs ennemis,
afin d'empefcher qu'ils ne les vinffent
troubler dans leurs prieres, rencontrerent vn Iroquois en leur chemin, dont
ils fe faifirent. Quelques-vns fe voulant
contenter de cette proye, leur Capitaine
nõmé Ieanoutagouainou, homme grãd
& puiffant, tres-bon Chreftien & fort
vaillant, repartit qu'il falloit, approcher
des bourgades Hiroquoifes, & tâcher
d'en furprédre quelqu'vne: Ils auancent
donc à la fourdine, enuoyant deuant eux
vn Algonquin & vn Huron, pour reconnoiftre fi l'ennemy n'eft point en campagne. Le Huron fit rencontre d'vne troup-

pe d'Iroquois, se voyant surpris , il fait
bône mine,& pour sauuer sa vie,il com-
mit vne lascheté & vne trahison tres-
horrible. Voilà qui va bien , que ie vous
aye rencontré, dit-il aux Iroquois, il y a
long-temps,mes freres,que ie vous cher-
chois , ils luy demandent où il alloit , ie
m'en vay , dit-il, en mon païs , chercher
mes parens & mes amis ! le païs des Hurons n'est plus où il estoit, vous l'auez
transporté dans le vostre , c'est là où ie
m'en allois pour me ioindre à mes parens
& à mes compatriotes, qui ne font plus
qu'vn peuple auec vous. Ie me suis es-
chappé des ombres qui restent encore
d'vn peuple qui n'est plus. Tés tu mis en
chemin tout seul,luy demandét-ils?Non
pas , répond-il , i'ay pris l'occasion d'vne
bande d'Algonquins,qui vous viennent
chercher ; ie me suis écarté d'eux de têps
en temps,pour rencontrer quelques-vns
du païs où ie me vay rendre,afin de les li-
urer entre leurs mains.Les Iroquois tres-
saillans d'aise à cette nouuelle,se rassem-
blent & s'en vont sous la conduite de ce
Iudas,surprédre nos pauures Algõquins,
qui se fians trop sur leurs espions, ou sur
leurs Découureurs, comme ils les nom-

ment, n'attendoient pas vne salue d'ar-
quebuses qui les mit en déroute, plusieurs y perdirent la vie, quelques-vns se
sauuerêt à la faueur des bois, vn bon nô-
bre fut mis dans les liens pour estre la cu-
rée de ces mâtins, nostre Capitaine Chrestien se battit auec vne generosité, qui
dôna de l'estonnement à l'ennemy mesme : Les iugemens de Dieu sont pleins
d'abysmes.

Le traistre ayant demeuré quelque têps
auec les Iroquois, eut bien la hardiesse de
retourner vers les François & vers les Algonquins, pour tramer, à ce qu'on croit
vne autre trahison, sa premiere ayant si
bien reüssi sans estre découuerte ; mais
Dieu qui est iuste, ne permit pas qu'vne
actiõ si noire fut bien long-têps cachée.
Les Algonquins qui retournerent de cette défaite plus morts que vifs, ayans de-
claré à leurs amis les soupçons qu'ils
auoient de ce Huron, on l'interrogea sur
ce fait, il parut chanceler, on le presse de
dire la verité, enfin il auouë son crime,
confessant ingenuëment que l'amour de
la vie, & la crainte de la mort, l'auoit ietté dans cette mal-heureuse déloyauté.

Monsieur le Gouuerneur le fit appre-

hender , & apres auoir esté conuaincu
d'vne trahison si noire, il fut condamné à
mort, & liuré entre les mains de ses gens
mesme , pour en faire l'execution. On
pensa premierement au salut de son ame,
& puis on l'attacha au pilory planté deuant le fort des François , ou parut vn
Huron armé d'vne hache, qui luy dit, tu
merite la mort pour auoir trahy nos amis
& nos alliez ; il est vray, répond le coul-
pable, tuez-moy, le Huron luy décharge
vn coup de hache sur la teste, qui ne l'as-
somma pas, il redouble iusques à trois
fois, & le met à mort. Voila le payement
de sa trahison : mais disons deux mots de
nos pauures Chrestiens conduits au païs
des feux & des flammes , nous n'en sça-
uons encor que peu de chose, mais ce peu
est bien remarquable.

Deux Hurõs captifs, échappés des mains
des Iroquois, ayans vû les horribles tourmens qu'on a fait souffrir à ces pauures
victimes, nous ont comblé de douleur &
de ioye. Ils disent, que ces bons Neophytes chantoient les loüanges de Dieu , au
milieu des flammes, qu'il sembloit que le
Ciel, sur lequel ils iettoient incessáment
les yeux, leur dõnoit plus de cõtentemét

& de plaisir, que les feux ne leur causoiēt de douleurs & de tourmēs, mais ils exaltent sur tout vn nommé Ioseph Onaharé, quelques-vns ont dit qu'il meritoit la palme du martyre, car en effet, il a souffert pour Iesus-Christ, & voicy cōment.

Ce ieune homme depuis quelque-temps, ne regardoit plus les Iroquois que comme les ennemys de la foy, & comme les destructeurs de la Religion Chrestienne, il ne portoit les armes contre eux qu'en veuë de conseruer l'Eglise, où il auoit pris naissance en Iesus-Christ, il s'estoit resolu de souffrir & de mourir constamment pour sa querelle, c'est pourquoy se voyant pris & garotté, il luy rendit mille loüanges, le remercia de luy auoir donné la foy & le Baptesme, pria tout haut en face de tous ses ennemis, donna courage à ses camarades, les exhortant de souffrir les tourmens, qui leurs estoient preparés, comme des enfans de Dieu, à qui le Ciel estoit ouuert. Les Iroquois luy deffendēt de prier Dieu, & d'animer ses gens. Il les regarde d'vn visage assuré, il les voit armés de fer, de feux, de flāmes, de cousteaux, de haches toutes rouges, il se moque d'eux & de

leurs tourmens, il continuë fa priere, ce
qui iette ces barbares dans vne telle rage
qu'ils refolurent de le tourmenter d'vne
façon nouuelle, s'il ne ceffoit d'inuoquer
fon Dieu, ils le martyriferent trois iours,
& trois nuits durant, & iamais ne purent
l'empefcher de chanter les loüanges de
fon Seigneur, & de fon maiftre : ils luy
difoient, en fe mocquant, ce que les Iuifs
objectoient au Fils de Dieu, demande
fecours à celuy que tu inuoque ; dis luy
qu'il te vienne déliurer : mais ce ieune
homme, méprifant leur fureur, remer-
cioit Dieu de la grace qu'il luy faifoit
d'endurer comme vn Chreftien, & non
comme vn fimple Sauuage. Enfin il l'ho-
nora iufques au dernier foûpir, & ceux
qui ont affifté a ces grandes fouffrances,
difent qu'ils ne fçauent lequel des deux
a paru plus eftonnant à leurs yeux, ou la
rage, & la grandeur des tourmens, ou
la conftance & la generofité du Patient.
Comme on eftoit fur l'impreffion de ce
Chapitre, on a receu vne lettre, apportée
par le dernier vaiffeau venu de ces contrées, qui parle en ces termes à vn Pere
qui en eft retourné depuis peu.

Voicy des nouuelles de voftre pauure
Iofeph. Vn ieune Huron fon grand amy,

aiant esté pris auec luy, & receu la vie des Iroquois, qui luy auoient donné toute liberté dans leurs bourgades, s'eſt ſauué, & nous a rapporté ce qui ſuit. N'eſtant point ſuſpect aux Iroquois qui m'auoient donné la vie, ie trouuay moyen de monter ſur l'échaffaut, où on tourmentoit Ioſeph Onaharé, & de luy parler vn peu de temps, il me dit ces paroles. Si iamais mon cher amy tu retourne au païs des Algonquins, aſſeure les que les Iroquois auec tous leurs tourmens, n'ont pû m'arracher la priere de la bouche, ny la foy de mon cœur ; Dis leur que ie ſuis mort auec plaiſir dans l'eſperance d'aller bientoſt au Ciel. En effect adioutoit ce ieune Huron, il ne ceſſa de prier & de loüer Dieu dans ſes tourmens qui durerent trois iours entiers, & comme cette grande trouppe de bourreaux le tourmentoient dauantage pource qu'il prioit, luy au lieu d'arreſter ſes prieres pour arreſter ſes tourmens, les redoubloit dauantage, leuant ſouuent les yeux vers le Ciel. Ce ſpectacle me comblant de douleur & me tirant les larmes des yeux. Il me demanda ſi i'eſtois meſcontent de ſon bon-heur ; ne m'attendris point

par

par tes larmes, me difoit-il, car ie t'affeu-
re, qu'encor que ie fouffre beaucoup en
mon corps, mon ame n'eft point trifte, cé
feroit bien pour vn neant que ie m'attri-
fterois, puis que ie fuis fi proche de la
maifon de celuy qui a tout fait. Voila,
dit le Pere, dont nous auons receu la lettre, ce qu'on nous a raconté de nouueau
de ce ieune hõme qui vous a efté fi cher.

Sortant de Saint Iofeph il fit de foy-
mefme, & fans qu'aucun l'inftruifit, vne
Confeffion generale depuis fon Baptefme, & paffant au Trois Riuieres il fe con-
feffa & fe communia encor auec fes camarades. Dieu le difpofoit à vne fi fainte
& fi glorieufe mort.

Ce genereux Athlete eftoit natif d'vne
petite nation Algõquine affez peu eftoi-
gnée du pays des Hurons. Ayãt ouy parler de noftre creance, & voyant que fes
compatriotes ne la gouttoient pas, il def-
cendit aux Trois Riuieres, & de là il vint
iufques à S. Iofeph à Sillery, où ayãt veu
la pieté des Chreftiés, il fut touché, fe fit
inftruire, & en fuite demãda & obtint le
Baptefme. Nous l'auions tenu vn an dãs
noftre maifon, & comme il fe faifoit grãd
il choifit vn tres-bon Chreftien nommé

Charles Kariskatisitch pour son Pere, qui le receut & l'adopta côme son fils, & le maria à vne ieune fille Chreſtienne; il eſtoit d'vn naturel prompt, vif & hardy, & ſi la Foy n'euſt eſté fortement enraci-née dãs ſon ame, il y a long-téps qu'il au-roit quitté la demeure & la compagnie des Chreſtiens veu meſmement que ſes parens firent tous leurs efforts pour le faire retourner en ſõ pays, iuſques à luy deleguer vn ſien couſin que noſtre Neo-phite mépriſa, voyant le peu d'amour qu'il auoit pour la Religion Chreſtiéne.

Vne année deuãt ſa mort, eſtant allé en guerre auec vne troupe d'Algonquins dõt le chef n'eſtoit pas baptiſé, côme ils approchoient du pays de leurs ennemis, leur Capitaine voulut conſulter le De-mon pour ſçauoir de luy quelle route ils prédroient, afin de faire rencõtre à leur auantage: Noſtre Ioſeph s'y oppoſa, di-ſãt que la Loy de Ieſus-Chriſt ne permet-toit aucune communication auec les mauuais eſprits; mais comme il n'eſtoit pas le plus fort, on dreſſe le Tabernacle, le Sorcier, ou plutoſt le Iongleur, y entre, il l'ébranle, & le fait trébler d'vne façon eſtrange, il fait ſes inuocations, en ſorte

que le Demon, ou pluſtoſt le charlatan
meſme changeant de voix, & s'adreſſant
au Chreſtien, luy dit d'vn ton plein de
menaces : D'où vient que tu ne veux pas
qu'on me conſulte ? Tu fais du hardy, &
tu n'es qu'vn ſuperbe. Tout le monde
tremble à cette voix. Le Chreſtien repart
ſans s'eſtonner : Tu veux ietter la peur
dedans mon ame, ie ne crains ny toy, ny
tes menaces, ny les Iroquois ; ie crains &
i'honore celuy qui a tout fait, c'eſt mon
Maiſtre & le tien ; tu n'as de pouuoir
qu'autant qu'il t'en accorde. C'eſt moy,
dit le Demon, qui ay tout fait. Tu es vn
impoſteur, replique noſtre Ioſeph, monſtre tes forces, ie te deffie, tu voudrois
m'ébranler, mais tu n'y perdras que tes
peines. Le Demon demeura confus, &
noſtre Chreſtien ne laiſſa pas de reſſentir
comme vn coup qui luy fut donné au coſté, qui l'empeſcha trois iours durant de
reſpirer, ne ſe mouuant qu'auec peine,
cela le ſurprit, mais ne l'abattit pas, il diſoit en ſon cœur ; Il n'importe quand ie
deurois mourir, ie ne cederay iamais au
Manitou. Enfin s'eſtant fortement recō-
mandé à Dieu, le mal le quitta en vn in-
ſtant cōme il l'auoit pris en vn moment.

H ij

Quelqu'vn de ſes camarades voyant qu'il ne plioit point nonobſtant ſa douleur, luy fit ce reproche; Ie ſuis marry d'auoir entrepris ce voyage auec toy, ie voudrois que noas fuſſions encor dans les cabanes d'où nous ſommes partis, ie n'en ſortirois iamais en ta compagnie, puis que tu ne fais pas comme les autres, & que tu n'obeys point à noſtre Capitaine. Hé quoy donc, fit noſtre Chreſtien, nous ſommes-nous mis en campagne pour conſulter le Demon? nos parens & nos alliez nous ont-ils dit à noſtre depart; Allez dreſſer des Tabernacles, & faites reuiure les anciennes ſuperſtitions que nous auons quittées? ne nous ont-ils pas recommandé de couper les bras & les iambes à nos ennemis, afin que nous puiſſions prier Dieu, & que nous puiſſions eſtre inſtruits en repos? Nous cherchons des hommes, & non des Demons, c'eſt en ce point que i'obeïray, & non pas en vos jongleries.

Comme ils eſtoient dans cette contraſte, ils apperceurent deux Iroquois, ils quittent le combat de la langue, ils partent comme des leuriers d'attache; noſtre Ioſeph éleue ſon cœur à Dieu, &

courant comme la foudre, paſſa bien-
toſt ſes camarades : les Iroquois ſe ſen-
tans pourſuiuis iettent leurs robes par
terre, & fuyent la mort plus viſte que la
tempeſte; mais noſtre ſoldat Chreſtien
attrappe bien-toſt celuy des deux qui
auoit moins d'haleine, il luy donna vn
grand coup d'épée dans le flanc, & ſans
s'arreſter pourſuiuit ſon compagnon :
mais comme il auoit trop dauantage, il
ne le pût attrapper ; Retournans ſur ſes
pas, il rencontre le ſorcier, & luy dit, hé
bien ton Demon t'auoit-il dit que tu te
trouuerois des derniers à la courſe ? ſi
i'euſſe eſté femme, il m'auroit fait peur,
mais ie ne crains ny toy ny luy, ny tous
vos ſortileges. Paſſons outre.

Le mal-heur arriué par la trahiſon
dont nous venons de parler, ne fut pas
ſeul, Charles Kariskatiſitch, qui auoit
adopté pour fils noſtre Ioſeph, retournant de Tadouſſac à Kebec dans vne
chalouppe chargée de Chreſtiens, fut
accueilly d'vne ſi grande tempeſte, qu'il
fit naufrage dans le grand fleuue, & pas
vn n'en réchappa, ces deux coups de fou-
dres lancez ſur la pauure Egliſe de ſaint
Ioſeph ont cauſé vne grandiſſime deſo-

lation. Il faut confeſſer que la Foy eſt vn
grand appuy, ſi elle n'euſt regné dans les
cœurs des femmes veufues, & des filles
orphelines, & des enfans abandonnez,
on n'auroit entendu que des cris, & des
hurlemens de barbares, & des lamenta-
tions de gens deſeſperez, & on ne vit
que des benedictions, & des loüanges;
ces pauures creatures à la verité bien
abattuës, mais remplies d'vne ſainte re-
ſignation aux volontez de Dieu, ſe vindrent ietter aux pieds de nos Autels, les
meres prians pour leurs enfans, les femmes pour leurs maris, & les enfans pour
leurs peres. Toutes ſe confeſſerent & ſe
communierent pour le ſoulagement de
leurs ames. *Cùm occideret eos quærebant
eum.* Plus Dieu les afflige, & plus ils le
cherchent, qu'il ſoit beny à iamais dans
les temps & dans l'eternité.

Nous pourrions rapporter quantité de
bons ſentimens & de bonnes actions des
enfans de ces nouuelles Egliſes, mais le
peu que nous auons dit, ſuffira pour exciter ceux qui entendront parler de noſtre deſolation, de nous ſecourir au Ciel
& en la terre. Ces Egliſes ſont nées dedans les Croix, elles ont engendré leurs

enfans dans les fouffrances, dans les per-
fecutions, dans les epidimies, dans les
famines; dedans les guerres, elles ne fe
nourriffent que de larmes & que d'an-
goiffes, elles ne font quafi plus compo-
fées que de veufues, & que d'orphelins,
& fi ie parlois en Sauuage, ie dirois qu'il
ne refte plus que des ombres, que les viuans font allez au Ciel. Ie ne puis apres
tout defefperer, la primitiue Eglife eftoit
remplie de bannis, de gens faits efcla-
ues, de condamnez aux feux, aux rouës,
aux mines, aux efcuries publiques, &
Dieu a tiré de fes baffeffes les Tiares &
les Mitres, les Sceptres & les Couronnes, qui ne trouueront leur affermiffe-
ment folide que dans l'eftabliffément du
Royaume de IESVS-CHRIST, Dieu
vueille donner la penfée & le zele aux
Princes Chreftiens de l'eftablir en ce
nouueau monde.

CHAPITRE XI.

Des Sauuages des Trois Riuieres & des Atticamegues.

APres le départ des vaisseaux sur la fin de l'année 1648. plusieurs Sauuages de diuerses nations s'estans rassemblés aux Trois Riuieres, tindrent vn conseil entr'eux, dans lequel ils conclurent que les articles suiuans seroient soigneusement obseruez.

1. Qu'on choisiroit l'vn des plus feruens Chrestiens de cette nouuelle Eglise, pour sonder les volontez de tous les Sauuages qui se voudroient habituer en cét endroit, touchant leur bonne ou mauuaise inclination pour la Foy & pour la priere comme ils parlent.

2. Que tous ceux qui voudroient faire profession du Christianisme, se soûmettroient aux peines qui leurs seroient imposées s'ils contreuenoient aux Loix de Iesus-Christ & de son Eglise.

3. Que l'yurognerie seroit bannie &

exilée de leurs cabanes, & que ſi quelqu'vn tomboit dans ce crime on le met-
troit en priſon pour le faire ieûner quel-
quesiours, non pas au pain & à l'eau, mais
à l'eau toute pure, ſans autre aliment.

4. Que les Apoſtats, s'il s'en trouuoit
aux Trois Riuieres, où les infidelles en-
durcis, & rebelles à la Foy ne ſeroient
point protegez dans le fort des François.

En ſuitte de ces concluſions on ſonda
tous les Sauuages infideles. Ils répondi-
rent qu'ils honnoroiét la priere, & qu'ils
vouloient preſter l'oreille à la doctrine
de Ieſus-Chriſt ; il n'y en eut qu'vn ſeul
qui rebutaſt la propoſition qu'on luy fit
de ſe côuertir : il y auoit long-temps qu'il
frequentoit les Chreſtiés, mais le Demon
luy auoit mis ſi auant dans la teſte qu'il
mouroit bien-toſt s'il ſe faiſoit baptiſer,
que la crainte d'vne mort temporelle l'a
ietté dans vn mal-heur eternel ; car en
fuyant les Iroquois, il eſt tombé entre
leurs mains, & ſi Dieu ne luy a fait vne
grace miraculeuſe il a paſſé d'vn feu ele-
mentaire dans le feu des enfers : on re-
marqua auec eſtonnement que tous
ceux qui l'accompagnoient ſe ſauue-
rent , & que luy ſeul & ſa famille fu-

rent la proye de ces Anthropophages.

Pour les Chreſtiens, leur ferueur fut ſi grande, que ſi quelqu'vn auoit contreue-nu aux ordres ſuſdits, il ſe venoit preſen-ter luy-meſme pour eſtre empriſonné ou pour receuoir en public la correction ou le chaſtiment de ſa faute ; Dieu veüille que cette ardeur dure long-temps.

Le courage & la force d'vn Chreſtien en la Foy, nous donnera ſujet de parler de la fin aſſez mal-heureuſe de deux Sauuages: vne eſcoüade de 25. ou 30. hómes eſtoiét allez en marchandiſes vers la Na-tion des outaoukotouemiouek, ce ſont peuples qui ne deſcendent quaſi iamais vers les François, leur langue eſt meſléc de l'Algonquine & de la Mótagneſe, ces marchans eſtans munis d'armes , partie pour ſe deffendre, partie pour en vendre à ces peuples, l'vn d'eux voyant que ſa poudre eſtoit humide, l'expoſe aux rayós du Soleil pour la faire ſecher, l'autre vou-lant donner auis de leur venuë aux Sau-uages du pays, tira vn coup d'arquebuſe à quelques pas du baril où eſtoit cette poudre, qui prit feu en vn moment, & bruſla trois Sauuages en ſorte qu'on eut dit qu'ils auoient paſſé au trauers d'vn

grand incendie, tant ils eſtoient noirs &
défigurez. On les porte auſſi-toſt dans les
cabanes des infidelles, les charlatãs ou les
jongleurs, comme les plus experts medecins du païs, ſe preſentent pour coniurer
leur mal, par des cris, & par des chanſons
& par des tambours plus capables de tuer
vn malade que de le guerir: deux condeſ-
cendirent à leur ſuperſtitiõ, mais le troi-
ſiéme, nõmé Barthelemy Chigounabik,
ne voulut iamais qu'on le ſoufflaſt, ny
qu'on remplit ſes oreilles de leurs hurlemens. On luy dit que c'eſt fait de ſa vie, ſi
ces medecins ne le penſent à leur mode ;
Il n'importe, répond-il, la vie de l'ame eſt
preferable à la vie du corps ; les infideles
le prient d'auoir compaſſion de ſoy-meſme, ils font approcher les jongleurs: il les
rebute, proteſtant qu'il n'aura iamais recours au demon. Ceux qui faiſoient pro-
feſſiõ de l'aimer le conjurent de vouloir
éprouuer leurs anciens remedes, pour
éuiter la mort. Ie mourray ſans peine,
repart-il, & ie ne puis ſans peché obeïr à
vos jongleurs, ne m'en parlez plus, ie ſuis
Chreſtien, i'ay toutes ces ſuperſtitions en
horreur. Enfin ce bon Neophyte eſt re-
chapé auec la joye & le contentement

des Chreſtiens, & les deux autres mou-
rurent incontinent apres le tintamarre
des tambours & des hurlemens de ces
jongleurs, ce qui donna bien de l'eſtonnement, & de la confuſion aux infideles.

Si toſt que ce braue Neophyte fut de
retour aux Trois Riuieres, il ſe tranſpor-
ta à la Chappelle pour remercier Dieu
de l'auoir conſerué dans vn ſi grand danger, ſa feruetur à maintenir la Foy le rend
recommandable, & Noſtre Seigneur
prend plaiſir de le conſoler dans les trou-
bles de cette miſerable vie.

Vn Sauuage diſant vn iour en la preſence de quelque Pere de noſtre Compagnie, qu'il ſentoit depuis quelque
temps le poids d'vne triſteſſe qui luy
eſtoit onereuſe : il faut, dit Barthelemy,
que tu ne croye pas ſi fortement en Dieu,
que doit croire vn hôme qui eſt baptiſé ;
car ſi ta Foy eſtoit viue, rien ne te pourroit attriſter : iamais ie n'eſtois content,
deuant que ie fuſſe Chreſtien, i'auois
touſiours quelque ennuy ou quelque triſteſſe, mais maintenant que ie puis aller
au Ciel, & que les peines de cette vie
nous ſont profitables, rien ne m'attriſte,

vne seule chose me dõne du méconten-
temét, c'est de voir quelques-vns de mes
compatriotes peu affectionnez à la Foy
& à la priere.

Voicy vn raisonnement de Sauuage
que ie pourrois appeller Theologique,
pource qu'il est fõdé sur les principes de
la Foy. Ce braue Neophyte ayant appris
les souffrances & la mort du Pere Iean de
Brebeuf & de nos autres Peres massa-
crez par les Iroquois, en tiroit ces belles
conclusions, il me semble qu'il ne faut
point s'attrister de la mort de ces bons
Peres leurs tourmens sont passez , &
leur joye ne finira iamais, s'ils nous ay-
moient en terre il nous ayment encore
au Ciel; car la bonté ne se perd pas en ce
pays-là; s'ils procuroient le salut des Sauuages en ce monde, ils ne sont pas pour
le negliger en l'autre, ou la charité ne di-
minuë iamais: si plus on est grand & plus
on fait de bien nous n'auons rien perdu
par leur absence. Pour moy ie les veux
imiter, ie me trouue dãs le danger de nos
ennemis aussi bien qu'eux, ils se pouuoient sauuer, ie le pourrois faire en m'é-
cartant des endroits où les ennemis font
leur coursés, ils sont demeurez dans le

peril pour ayder ceux qui ne pouuoient pas fuyr, ils ont mieux aymé mourir inſtruiſant les Sauuages, que de ſe mettre à couuert en les abandonnant; j'en feray de meſme, ie mourray pluſtoſt que de manquer à mes compatriotes, le ſeul deſir de les ſecourir pour leurs ames & l'amour que j'ay pour la Foy & pour la priere, me retiendra auprés de ceux qui donnent leur vie pour nous.

Ce bon homme aymoit ſi tendrement ceux qui expoſent leur vie pour noſtre Seigneur, qu'il voulut qu'vn petit fils que Dieu luy a dóné portaſt le nom d'Iſaac en l'honneur du Pere Iſaac Ioques maſſacré au pays des Iroquois. Cét enfãt eſtant tombé malade bien-toſt apres ſon Bapteſme, il n'en accuſa point ce Sacrement de vie comme font les infideles, il le préd entre ſes bras, le porte à l'Egliſe, luy fait le ſigne de la Croix ſur le front auec de l'eau beniſte, le preſente à Dieu auec ces paroles; Il eſt à toy, préds-le, ou me le rends, tu me l'as donné fais ce que tu voudras, tu le peux guerir, ie croy en toy, aye pitié de moy; il ne fallut point d'autre medecine pour guerir cét enfãt, il le remporta plein de vie en ſa cabane;

sa mere s'estant trouuée fort mal se seruit du mesme remede & s'en trouua tresbien.

Le Pere tomba malade incontinent apres, vn François qui entend la langue des Sauuages l'allant visiter luy demanda quelle pensée il auoit dans sa maladie, & si le Demon ne tâchoit point de luy persuader que ce mal prouenoit de sa creance ; Il ne la pas encore fait, répondit-il, & quand il le feroit il n'y gagneroit rien; i'ay tousiours deuant les yeux vn certain discours que i'ay entendu de la bouche de Noel Negabamat, qu'õ appelle à present Tekouerimat : I'ay perdu, me disoit il, la plus part de mes enfãs depuis que ie suis baptisé: ceux qui me restent sõt tous malades, i'attends leur mort à tous momens, il n'y a iour qu'il ne nous arriue quelque perte, ou quelque mal-heur, perdõs tout, mais ne perdõs point la Foy. Ces paroles me sont demeurées profondement dans l'esprit, Ie dis souuent à celuy qui a tout fait, ie ne veux que la pensée que tu préds de moy, fais tout ce que tu voudras, & ie l'agreeray ; i'ay dessein, aioustoit-il, de me confesser & de me communier Dimanche prochain, & puis ie ne penseray plus à moy : il le fit & guerit, Dieu n'a pas moins d'amour pour les simples que pour les sçauans.

Ie coucheray en ce lieu vne histoire assez remarquable. Vne jeune Algonquine ayant esté prise en son païs, & menée dans le pays des Hiroquois, comme elle estoit assez bien faite, & d'vn bon naturel, elle fit rencôtre d'vn bon mary, apres huict ou neuf ans de captiuité, elle tomba malade, en sorte qu'elle croyoit que c'estoit fait de sa vie. Vne autre captiue, nommée Monique l'alla visiter : Remarquez s'il vous plaist en passant, vn trait de l'adorable prouidence bu bon Dieu sur ses éleus. Cette Monique estoit aueugle quand elle fut prise, & c'est vn miracle que les Hyroquois qui massacrent toutes les vieilles femmes & toutes les infirmes qui neleur peuuét rendre aucun seruice pardonnerent à vn aueugle: mais Dieu la vouloit côseruer pour le salut de plusieurs ames, elle a esté fort bien instruite en l'Hospital de Kebec elle sçait la doctrine de Iesus-Christ, & en parle tres-bien, & auec beaucoup de bons sentimens; Dieu luy a rendu, nõ pas la veuë toute entiere, mais autant qu'il en faut
pour

pour se conduire, & pour aller consoler
les femmes & les filles Chrestiennes qui
gemissent comme elle, sous le poids d'vne
rude captiuité : elle fait de petites assemblées, elle instruit, elle catechise, elle en-
courage, elle enseigne & fait faire les prieres à ses compagnes ; en vn mot Dieu luy
fait faire en ce pays d'horreur & de tenebres le mestier d'vn dogique ou d'vn
predicateur. Ayant donc appris que la
femme dont nous voulons parler, estoit
malade, elle se transporte en sa cabane,
& luy remet en memoire ce qu'elle auoit
autresfois entendu de nostre creance :
voyant que la malade prenoit plaisir en
ces discours, elle poursuit sa pointe, passe
la nuict auprés d'elle, luy fait demander
pardon de ses fautes, l'exhorte à souhaiter le saint Baptesme pour éuiter les peines, & pour iouyr des recompenses qu'elle luy met deuant les yeux. Cette pauure
creature animée d'vn esprit plus fort que
le sien, promit à Dieu qu'elle cherche-
roit toutes les voyes d'estre baptisée, si
sa bonté la tiroit de la mort qu'elle attendoit. Sa priere fut exaucée, elle guerist,
& se voulant en suitte retirer en son pays
pour accomplir sa promesse, son cœur fut

I

combatu de diuerfes penfées. Elle auoit
vn petit fils âgé enuiron de 7. ou 8. ans
qu'elle aymoit vniquement, fon efpoux
la cheriffoit fort, elle eftoit en pleine liberté dans les bourgades Hyroquoifes, &
les parens de fon mary la voyoient de
bon œil, elle fe iettoit dans le hazard d'e-
ftre brulée & rotie toute viue en cas de
furprife dans fa fuitte, elle pretendoit
aller dans vn pays defolé, ou peut-eftre
aucun de fes parens ne reftoit fur la terre
pour la receuoir; il n'importe, elle eft re-
foluë de tenir la parolle qu'elle a donnée à Dieu, elle cherche les moyens d'é-
uader: vne fienne amie captiue promet
de luy tenir compagnie; la conclufion eft
prife, elles preparent leur petit bagage qui
ne pouuoit pas eftre bien grand, puis qu'il
ne les deuoit pas empécher, ny de marcher, ny de courir dans les rencontres.
La nuit deftinée pour leur départ com-
mençant de reueftir la terre & les forefts
de fes tenebres, cette pauure femme voulut prendre congé de fon petit fils: les Sauuages ont trop de tendreffe pour leurs
enfans, ils croyent fouuent leur perfua-
der par la raifon ce qu'on ne peut obtenir d'vn fi bas âge que par la crainte:elle

luy tint ce difcours : Mon enfant ie ne
fuis pas de ce pays-cy, ayant efté prife
captiue dans le pays des Algonquins, &
amenée dans cette bourgade, ton pere
m'a époufée; mais mon cher fils, ie ferois
bien ayfe de voir encore vne fois mon
pays, c'eft pourquoy j'ay refolu de te
quitter; ne t'en fâche point, car ie t'ayme
beaucoup: l'enfant fe mit à pleurer, & luy
dit; ma mere ie veux aller auec vous, ne
m'abandonnez pas. Mon fils, repart la mere, tu ne me fçaurois fuiure, tu ferois
caufe de ma mort; quand ie feray partie,
addreffe-toy à telles femmes qui font
de mon pays, elles t'enfeigneront ce que
tu dois fçauoir, rends leur obeyffance, &
lorsque tu feras affez grand pour me venir trouuer: fouuiens-toy que tu as vne
mere au pays des Algonquins qui t'a aymé de tout fon cœur; mais ne me découure point; car tu ferois caufe que ie ferois
brûlée. Ayant fait fon adieu, non fans
larmes & fans foûpirs de part & d'autre,
il furuint vn empefchement qui retarda
leur fuitte fept ou huiĉt iours, & pendant
tout ce temps-là ce pauure petit innocent ne découurit iamais le deffein de fa
mere, ce filêce eft rare en vn âge fi tendre.

I ij

Enfin ces deux fugitiues prenant l'occasion au poil, se jettent dans ces vastes
forests, ne portant que la moitié de leur
vie, & encore estoit-elle partagée entre
la crainte & l'esperance : tout est chemin
dans ces grands bois, il faut tenir sa route
à la veuë des Astres, sans compas, & sans
boussole; ayant desia fait quelques iournées de chemin, elles apperçoiuent des
Hiroquois qui retournoient de la guerre ou de la chasse : la peur leur oste l'esprit
& vne partie de leurs forces ; celle qui
s'estoit renduë compagne de nostre captiue, portant auec soy vn petit enfant qu'elle auoit mis au monde, fort peu de iours
deuant sa fuitte, voyant que son laict s'e-
stoit perdu & tary, tant par la peur & par
l'apprehension de ses ennemis, que par
les grands trauaux qu'elles souffroient
en vn voyage si épouuantable, & craignant d'ailleurs que les cris & les gemis-
semens de ce pauure petit ne fissent perdre & la mere & l'enfant, elle luy osta
la vie ; mais la pauure mal heureuse ne
conserua pas la sienne par cette mort :
elle fut reconnuë & prise par ces Hyroquois qui la garotterent pour estre la pa-
sture des flammes dans leur bourgade :

mais redoutant les feux de la terre & ne connoiſſant pas ceux de l'enfer, elle s'y precipita par vne mort volontaire & comme enragée.

Pendant que les ennemis pourſuiuoient celle-cy, l'autre ſe cacha ſi dextrement qu'elle éuita leur priſe, & pourſuiuant ſon chemin toute ſeule ; enfin elle arriua au païs des Chreſtiens, ou elle raconta toutes ſes auantures ; & apres auoir eſté ſoigneuſement inſtruite en la Foy de Ieſus-Chriſt, elle fut baptiſée en ſon nom, bien ioyeuſe d'auoir trouué la veritable liberté des enfans de Dieu par des dangers capables d'épouuanter des Geans.

On baptiſa à meſme temps vne femme dont la conuerſion ne ſemble pas moins miraculeuſe, quoy qu'elle ſoit moins eſtrange en apparence. C'eſtoit vn eſprit altier, vne humeur dédaigneuſe & arrogante, la ſuperbe eſtoit le caractere qui la diſtinguoit des autres femmes, & vous euſſiez dit que ce mal eſtoit hereditaire en ſa famille, tant ceux qui la touchoient, en eſtoient empeſtez. Sa ſœur aiſnée eſtant priſe des Hyroquois ayma mieux ſe tuer ſoy-meſme, & vn enfant qu'elle portoit auec elle, que d'eſtre leur ſeruan-

te ou leur efclaue. Il arriua certain iour,
qu'vn Pere de noftre compagnie luy parlant, déplora auec des paroles tendres,
mais efficaces, le mal-heur & la punition
de fa fœur, qui auoit fi fouuent méprifé
le Baptefme: la crainte de tomber dans
le mefme chaftiment s'empara fi fortement de cette ame, qu'elle fe fit inftruire,
& pourfuiuit fon Baptefme fi ardamment,
qu'elle l'obtint auec vne fi grande benediction, qu'il n'y a rien de plus fouple, de
plus obeyffant & de plus humble que cette femme: les épreuues l'ont renduë plus
conftante en la Foy, elle a perdu fon mary braue Capitaine & bon chaffeur, elle
n'a plus qu'vn fils pour tout fupport, & ce
fils eft toufiours malade: ce delaiffement
des creatures l'attache plus fortement au
Createur.

Ie ne fçay fi ie dois marcher plus auant
dans les bons fentimens des Sauuages:
les rapports qu'ils ont les vns auec les autres, peuuent donner du dégouft à vn en-
tendement qui fuit de cent lieuës tout ce
qui paroift approcher des redites; mais
auffi faut-il auouër que plufieurs perfonnes nous conjurent de ne point obmettre
ce qui peut enflammer la volonté.

Quand ie penſe à la vie que i'ay menée deuant que d'eſtre baptiſé, diſoit vn
bon Neophyte, ie ſuis ſi confus que ie
voudrois me pouuoir dérober des yeux
de Dieu & des hommes & de moy-meſme; & ſi pour expier mes offenſes on me
diſoit qu'il ſe faut ietter dans les mains
des Hyroquois, il me ſemble que i'obeyrois
promptement.

Vn autre s'eſtonnoit, que Dieu euſt
tant de bonté, d'auoir amené des predi-
cateurs d'vn pays ſi eloigné pour le conuertir. Si moy qui ne ſuis qu'vn pauure
homme, diſoit-il, reſſens tant de douleur
de voir les deſordres de quelques-vns de
mes gens qui ne ſont pas encore Chreſtiens, en ſorte que i'ay de la peine de les
ſouffrir; comment eſt-ce que Dieu m'a
ſouffert tant d'années? mais qui l'a porté,
nonobſtant nos maladies, à me faire ſon
enfant? Il faut bien que le cœur de Dieu
ſoit vn cœur de Pere.

Vn autre inſtruit du S. Eſprit; car les hommes ne luy auoient point appris cette le-
çon, diſoit, qu'il ne falloit pas benir Dieu
& le remercier ſeulement pour les graces
qu'il nous a fait, il le faut benir auſſi pour
ceux qui ne le loüent pas; il luy faut ren-

dre des actions de graces pour les biens qu'il fait à ceux qui ne le connoiſſent pas, il le faut adorer pour les enfans qui n'ont point encore d'eſprit ny de iuge-ment. Si quelque homme fait vn preſent à mes enfans, ie le remercie pour eux; & pourquoy donc ne benirois-ie pas celuy qui leur a donné la vie, & qui leur conſer-ue auec tant de bonté; ie le remercie meſ-me pour les autres enfans, afin que ſi leurs parens s'en oublioient, Dieu reçoiue hon-neur & loüange des biens qu'il depart à ſes creatures.

Vn Capitaine, homme de conſidera-tion, demandoit d'eſtre inſtruit & d'eſtre baptiſé, le Pere à qui il s'adreſſa, le voulant éprouuer, l'écouta aſſez froidement, & luy dit, vien-moy trouuer tous les iours, & ſi ie ne ſuis pas à la maiſon, retourne vne autre fois; il venoit en certain temps iuſques à cinq ou ſix fois pour vn iour, il n'y a rien qui éloigne tant de Dieu, & qui ſoit plus oppoſé à la verité que le faſt, & que l'orgueil, l'humiliation eſt la pierre de touche de la Foy & des vertus ſolides; le Pere inſtruiſoit ce Capitaine, comme s'il eut inſtruit vn enfant. Enfin cét hom-me connut bien qu'on vouloit découurir

s'il auoit vne bonne & forte volonté
d'embraſſer vne Loy qui fait profeſſion
de la Croix, de la pauureté & de l'humilité. Il apporte aux pieds du Pere ſes richeſſes qui conſiſtoient en quelques coliers
de porcelaine, & luy dit; mon pere, donne
tout cela aux pauures, & ſçache que
i'ayme la Foy plus que tous les biens de
la terre; & en ſuitte découurant ſes épau-
les, fais-moy fuſtiger bien ſerré pour mes
offenſes, & tu ſçauras que ie ne crains
point les ſouffrances, ny la confuſion : ſa
conſtance & vn danger de mort où il ſe
rencontra, luy firent donner le Bapteſme.
Si-toſt qu'il fut Chreſtien il s'écria deuant
ſes gens ; ſçachez que c'eſt du fond de
mon cœur que i'ay embraſſé la pierre. Si
vous me voyez iamais reculer, ie vous donne toute liberté de vous rire & de vous
mocquer de mon inconſtance.

Vn chaſſeur ayant eu quelque inſtruction, ſe mit à genoux pour remercier
Dieu, apres auoir tué vn grand Cerf, ſon
camarade ſe mit à rire; i'ay, fit-il, appris
cela des Chreſtiens, l'autre s'en gauſſe &
le pouſſe du pied pour le faire leuer, diſant, qu'il auoit bien veſcu iuſques alors
ſans ces badineries, & que ſon bon-heur

ne dépendoit pas de nos ceremonies : à quelque temps de là, ce fanfaron s'estant embarqué dans vn canot, fit naufrage, & s'en reuint tout delabré & à demy mort; nostre chasseur luy dit, si tu euffe prié le Dieu des Chreftiens, peut-eftre t'auroit-il preferué de ce mal-heur. Ce miferable s'en gauffa derechef; mais s'eftant mis fur l'eau vne autre fois, fon petit bafteau d'écorce renuerfa dedans par vn beau temps ; on eut peine de retirer fon corps des portes de la mort, Dieu veuille que fon ame en reçoiue la vie! quoy qu'il en foit, noftre chaffeur touché de ce chaftiment, nous vint trouuer & nous dift; qu'vn nommé Archeens, Capitaine de la nation d'Yroquet l'auoit enchargé de fe faire baptifer. Ne fais pas comme moy, luy difoit-il, i'ay negligé le Baptefme pendant la vie, ie le fouhaite à la mort, & ie ne le puis auoir: ah! que i'ay de regret de mourir dans vn lieu éloigné des François! mon cœur eft trifte, ie fuis priué de l'vnique bien qui me pourroit confoler; fois fage, mon cher amy, n'attends pas à la mort à te conuertir: pour conclufion, ce bon chaffeur fut mis au nombre des Catechumenes.

Difons deux mots des Atticamegues,
& finiſſons ce Chapitre. Ces peuples de-
leguerent vn vray Iſraëlite d'entr'eux,
pour nous venir voir,& pour emmener en
leur païs le Pere qui a vn ſoin particulier
de cette Miſſion. Ce pauure Pere n'y pût
aller, pource qu'il n'y auoit pour lors que
deux de nos Peres aux Trois riuieres pour
le ſecours des François & des Sauuages. Ie
ne ſçay lequel des deux fut plus triſte, ou
ce bon Iſraëlite nommé Antoine, aagé
d'enuiron 55. ans, ou le Pere, à qui les larmes venoient aux yeux, entendant les
amoureux reproches que luy faiſoit ce fidele Meſſager. Que diront ceux qui te
ſouhaitent auec impatience,& qui ont vn
ſi grãd deſir de ſe confeſſer; que ferõt mes
enfans qui n'õt pas encor receu le Baptefme? ma femme qui n'a pû deſcendre iufques icy, ne me verra pas de bon œil, ſi ie
retourne ſans t'embarquer? faut-il donc
que nous ſoyons ſeparez apres noſtre
mort; que les vns ſoient bien-heureux,&
les autres mal heureux? ſi j'euſſe pû apporter toute ma famille ſur mes eſpaules
ie l'aurois fait; mais les chemins ſont eſ-
pouuantables. Si les autres qui ne peuuent
ſurmonter ces difficultez , viennent à

mourir fans Baptefme, à qui en fera la faute? pour conclufion le Pere ordonna que l'vn des plus fages d'entr'eux confereroit le faint Baptefme à ceux qu'on verroit en danger de mort, & qu'on porteroit les autres à former fouuent des actes d'vn pur amour, & d'vne contrition parfaite, pour fuppléer au defaut du Sacrement de Penitence. Il eft vray que ces bonnes gens menent vne vie fi innocente que le Pere fe confoloit dans l'impuiffance de les aller fecourir.

Il a fçeu depuis, que la femme d'vn Capitaine eftoit morte fans Confeffion; iamais, dit-il, on n'a veu femme plus zelée pour la Foy, elle a conuerti fon mary, fon gendre, & toute fa famille, & quantité d'autres perfonnes. Elle demandoit tous les iours à Dieu la grace de ne point mourir, qu'apres auoir reçeu tous fes Sacremens. Il ne luy a pas accordé cette faueur; mais il luy auoit donné vne fi grande innocence, & vne telle crainte & horreur du peché, qu'elle ne manquoit iamais de s'éueiller tous les Samedis fur la minuit; & alors fe mettant à genoux, elle examinoit fa confcience, puis s'adreffant à noftre Seigneur, elle luy confeffoit tous fes

pechez comme elle auroit fait deuant vn
Preftre, recitant en fuite quelques prieres, comme fi ce veritable Pontife luy eût
donné pour penitence. Dieu eft bon, & fa
bonté fe répand iufques dans le fonds de
la Barbarie.

Le Pere adioufte que quelques Sauuages inftruits dedans ces vaftes forefts, fans
iamais auoir veu aucuns Europeans, font
venus demander le Baptefme, recitans
brauement les prieres qu'ils auoient ap-
prifes de la bouche des Chreftiens qui habitent ces grands bois. Il me femble que
nous pouuons dire des graces de Dieu
ce qu'on dit du Soleil ; *Nec eft qui fe ab-*
fcondat à calore eius, il n'y a perfonne qui
ne reffente quelques effets de cette chaleur diuine.

CHAPITRE XII.

De la Mission de la sainte Croix à Tadoussac.

LE Pere qui cultiua l'an passé cette Mission, dit dans ses Memoires, que ce qu'il en a remarqué de plus considerable, se rapporte au zele ardent que les Sauuages Chrestiens & leurs Capitaines ont fait paroistre pour l'amplification du Royaume de Iesus-Christ, & pour écarter le vice de leur nouuelle Eglise.

En voicy quelques exemples. Ce bon Pere les estant venus visiter apres Pasques, ils le prierent de leur faire adorer la saincte Croix, comme les Chrestiens de S. Ioseph l'auoient adoré la semaine Sainte. Il ne faut pas, disoient-ils, que pour auoir esté priuez de Prestres en ce saint temps, nous soyons encore priuez du souuenir de la mort de nostre Redempteur. Ils se disposerent à cette grace, huit iours durant, se confessans deux fois selon leur coustume : quand ils passent quelques

mois fans pouuoir approcher de ce Sacrement : ils firent vn ieune public & vni-
uerfel, & vn iour de Vendredy ils rendirent leurs deuoirs à Iefus-Chrift mourant,
auec tant de fentimens de pieté & de deuotion, que les François qui affifterent à
cette fainète ceremonie, ne pouuoient affez admirer la ferueur de ces bons Neophytes.

Quelques-vns touchez de regret d'a-
uoir offenfé Dieu, pour s'eftre laiffé au-
tres-fois furprendre des boiffons, que les
François leur portent; protefterent tout
haut, & tout publiquement, qu'ils eftoient
indignes de s'approcher de l'image de Iefus-Chrift, demandant qu'il leur fût feulement permis de baifer le paué de l'E-
glife.

Quelques petits enfàns s'eftans apper-
ceus qu'on emportoit la fainte Croix, deuant que leurs parens leur euffent fait
baifer, demanderent par leurs larmes &
par leurs cris, & par leurs begayemens,
qu'on la remift, afin qu'il la pûffent adorer
auffi bien que les autres.

Il femble, dit le Pere, que noftre Seigneur laiffa découler quelque petite gou-
te de fon Sang dans les cœurs de ces bon-

nes gens; car au sortir de là les Capitaines
& les principaux Chrestiens, enflammez
contre le vice qui regne dauantage à Tadoussac, à la venuë des vaisseaux, causé par
le vin, & par l'eau de vie qu'on leur vend,
protesterent hautement, que ceux qui
auoient approché leur bouche des playes
de Iesus-Christ en son image, seroient rudement chastiez, si d'oresnauant ils la pro-
fanoient par l'yurognerie.

En suite de cette publication, ceux qui
auoient des barils pleins de ces boissons,
cachez dedans la terre, les apportoient au
Pere, luy disans que tandis qu'il tiendroit
leur Demon familier en prison, il ne leur
pourroit nuire.

Ils ordonnerent encore, que personne
ne traitât ou n'achetât de ces boissons
que par l'ordre du Pere donné par escrit,
& que si quelqu'vn y contreuenoit, qu'il
seroit censé pour yurogne, & puny comme tel.

En troisiéme lieu, ils supplierent tres-
humblement Monsieur le Gouuerneur
qu'il fit dresser vne prison à Tadoussac, &
qu'il fit punir & chastier ceux qui seroient
entachez de ce crime.

En quatriéme lieu, vn Capitaine assez
suiet

sujet à cette maladie protesta par vn cry public, que si iamais on le voyoit estour-dy de boisson, il vouloit le premier subir toute la rigueur des loix, & que pour la mauuaise edification qu'il auoit autresfois donnée, il se feroit punir & fustiger publi-quement, si quelqu'vn de ses gens tom-boit dans cette faute, voulant vanger en sa propre personne les pechez de ceux qui estoient sous sa charge.

Quelque temps apres vn ieune hom-me parut à demy yure : ce Capitaine vou-lut tenir sa parole. Il se trouue dans vne assemblée où estoient la pluspart de ses gens, & leur tint ce discours. Si vous auez de l'amour pour moy, faites le mainte-nant paroistre, tirez vengeance de mon corps pour le peché d'vn tel; si quelqu'vn de vous m'épargne, ie le tiendray pour vn lasche & pour vn poltrõ, & pour vne per-sonne peu affectionnée à la Foy, & à la priere : là dessus il decouure ses espaules; commandant aux petits & aux grands de le fustiger; la pluspart prenant ses paroles au pied de la lettre, obeyrent fortement de la main aussi bien que du cœur. Les François qui se trouuerent à ce spectacle, voyans qu'on le frappoit tout de bon, furent attendris, & quelques-vns iufques aux larmes, admirans la conftance & la joie qu'il faifoit paroiftre dans le facrifice qu'il offroit à Dieu pour le peché de fon peuple.

Celuy qui auoit cõmis l'offenfe, voyant ce beau jeu, fut bien eftonné, il s'auance & parle en ces termes à fon Capitaine qui eftoit fon parent. Mon coufin nous n'auons qu'vn mefme corps, eftans paitris d'vn mefme fang ; tu as porté la moitié du chaftiment deub à mon offenfe, il faut que le facrifice s'acheue fur mon corps ; l'innocent a fouffert, venons au coupable; & là deffus il fe prefente à ceux qui eftoient defia tous difpofez de luy faire la charité qu'il attendoit de leurs mains, aymant mieux fouffrir en cette vie que de porter fon crime en l'autre monde.

L'vn des deux Capitaines de cette Reduction, apprenant que fon frere eftoit fur le point de faire diuorce auec fa femme, l'aborde auec ces paroles; Ie ne fçay fi ie te dois appeller mon frere, fi tu quittes ta féme, tu quitteras la Foy, & en fuitte tu cefferas d'eftre mon parent & mon allié, ou pluftoft tu te declareras mon ennemy, auife à ce que tu feras , fi tu fors de l'Eglise, il faut sortir de Tadoussac, & iamais n'y parestre, autrement ie te feray dégrader, ou abandonner dans quelque Isle deserte, d'où iamais tu ne pourras sortir. Ce pauure homme estonné d'vn tel discours, confessa ingenuëment, que son cœur vouloit estre méchant, il coniure les Chrestiens de prier Dieu qu'il luy pardonne son offense, il demande qu'on le punisse rigoureusement, & que c'est l'vnique misericorde qu'il attend de ceux qui croyent en Dieu, auec lesquels il n'osoit se trouuer dans leurs saintes assemblées, s'en iugeant tres-indigne.

Les Chrestiens auec leurs Chefs, iadis si ialoux de leur païs, & de leur port de Tadoussac, qu'ils en refusoient la cognoissance aux autres Nations, voyans que les Peres ne pouuoient pas les aller trouuer dans le fonds de leurs grands bois, les ont inuitées de venir demeurer aupres d'eux pour apprendre le chemin du Ciel, apportant pour raison, qu'estans amis en cette vie, il ne falloit pas estre diuisez en l'autre. Les ȣpapinachiȣek ont desia receu la Foy. Les ȣmamiȣek qui habitent les terres voisines de l'Isle d'Anticosti, ont commencé cette année de paroistre à Tadoussac, &

de prester l'oreille à la doctrine de Iesus-Christ. Ces bons Capitaines leur ont fait des presens pour les attirer aupres d'eux, afin de leur donner enuie d'embraffer leur creance.

Ce n'eft pas tout. Ces peuples qui cachoient iadis aux François les chemins des Nations où ils vont trafiquer, ne voulans pas mefme que nous en abordaffions, nous preffent maintenant qu'ils font Chreftiens, de les fuiure dans ces vaftes forefts, pour baptifer & pour confeffer les Nations qui ne peuuent approcher de leur pays. Ils ont mené le Pere Gabriel Druillettes dans ces contrées par vn chemin nouueau; mais tres-affreux, afin qu'il vifitât & qu'il confolât ceux qui ne le pouuoient venir trouuer à Tadouffac. Ie vy, dit le Pere tant de ferueur dans ces bons Neophytes à mon premier abord, que les fatigues d'vn voyage efpouuantable, & qui fait peur aux Sauuages mefmes, me femblerent bien douces.

Si toft que, noftre Canot parut à leurs yeux, ils accoururent vers les riues d'vn grand lac fur lequel nous voguions, & m'ayant reconnu, la ioye fe refpandit fur leur vifage; ils fe iettent à genoux, les petits enfans m'enuironnent & me careffent de tous coftez, les malades s'écrient qu'ils ne craignent plus la mort, puis qu'ils ont moyen de fe confeffer, les principaux deleguent quelques Canots pour aduertir les Sauuages voifins de ma venuë. On me dreffe cependant vne petite Chapelle, qui fut bien-toft baftie.

Le Dogique, c'eft à dire celuy qui fait les prieres publiques parmy ces bonnes gens, & qui les inftruit en l'abfence des Peres, fit rendre des actions de graces à noftre Seigneur pour noftre arriuée : il fit entonner des Cantiques aux petits & aux grands; mais auec tant de pieté, & de deuotion, que ie ne pûs iamais parler que par les yeux, tant mon cœur eftoit remply de confolation.

Ce bon dogique ne manquoit pas tous les iours de vifiter les malades, de prier pour eux, en forte que quelques Payens touchez de cét exemple, demandoient le Baptefme, & quelques-vns difoient tout haut, que fes prieres les auoient guaris de leurs maladies.

Il rendit vn compte tres-exact au Pere de tout ce qui s'eftoit paffé pendant l'Hyuer touchant le Chriftianifme, il demandoit des conseils pour soy & pour cette petite Eglise, auec autant d'humilité, de soumission, & de prudence, qu'on en sçauroit souhaiter au milieu de nostre Europe.

Vn vieillard agé d'enuiron quatre-vingts ans fort aheurté à ses superstitions, voyant la bonne vie des Chrestiens, & prestant l'oreille aux paroles du Pere, le pria de l'instruire, protestant qu'il abandonneroit ses anciennes coustumes pour embrasser les nostres. Il venoit deux fois le iour en la Chappelle pour apprendre comme vn enfant, les eléments de nostre doctrine, & comme sa memoire estoit fort desseichée, on le voyoit souuent se pourmener en des lieux écartez, repetant les prieres qu'on luy auoit enseignées, pour les inculquer plus auant dans le fonds de son cœur.

Tous les Catechumenes poursuiuirent ardemment leur Baptesme; vn entr'autres desia aagé, voyant que le Pere luy refusoit cette grace, le remettant pour l'éprouuer iusques au Printemps de l'année suiuante, entra dedans l'Eglise, harangua fortement en la presence de tous les Chrestiens, protestant que s'il mouroit deuant ce temps-là, il accuseroit le Pere deuant la Iustice de

Dieu de sa perte & de sa damnation.

Le Demon enragé de voir qu'on luy arrache des mains vne proye dont il joüit depuis tant de siecles, a tasché de troubler ces bons Neophytes par l'imposture d'vn ieune homme, que ses parens protestent auoir enseuely & enterré, & le iour suiuant de ses funerailles, il parut, disent-ils, sur le soir tout plein de vie, asseurāt qu'vn certain qu'il ne cognoissoit pas, l'auoit tiré du sepulchre, & luy auoit enseigné la façon d'honorer Dieu; il condamne les prieres & les deuotions des Chrestiens; auec tant d'attache à son iugement, qu'encore qu'il auoüe que le Demon soit mauuais, & qu'il faille croire en IESVS-CHRIST, il le veut neantmoins seruir à sa mode, traisnant deux & trois femmes apres soy. Il a fait solliciter quelques ieunes Chrestiens par sa sœur, à qui il a fait croire qu'elle pouuoit sās crime leur accorder ce qu'ils souhaiteroit d'elle, pourueu qu'ils renonçassent à la Foy & aux prieres qu'on leur a enseignées dans Tadoussac; mais les Anges sont plus puissans que les demons : ces bons Neophytes ont conserué la pureté de leurs corps, par la pureté de leur creance.

Enfin le Pere eftant fur fon depart, vn bon Sauuage l'inuita au feftin, luy rendant mille graces, & luy donnant mille benedictions, de la peine qu'il auoit prife de les venir vifiter auec tant de trauaux, l'affeurant qu'auffi-toft que l'Hyuer feroit paffé, il meneroit la plufpart de fes gens à Tadouffac, pour y eftre inftruits plus à loifir, le priant de nommer en chaque cabane quelque bon Neophyte des plus fages, & des mieux inftruits, pour tenir fa place en fon abfence, & pour luy rendre compte en fon temps des actions & des déportemens de ces nouueaux enfans de Dieu, qui en verité compofent vne petite Eglife fort innocente.

Vn braue & genereux Catechumene voulut accompagner le Pere ; mais il le fit paffer par fon païs, où ayant fait affembler fes compatriotes, il demanda le Baptefme d'vne façon bien agreable, & pleine de ferueur. Mon Pere, luy dit-il, i'ay autresfois manié nos tambours, & ie me fuis mélé de fouffler & de chanter nos malades, ie renonce en la prefence de mes gens à toutes ces fuperftitions, ie defire d'eftre baptifé deuant

eux , afin qu'eftans tefmoins de la Foy
que ie profeſſe , ils ſoient mes accuſa-
teurs ſi ie n'obey à tout ce que la Loy
de IESVS CHRIST me commande , ie
les inuite , & les conjure de me repro-
cher en ta preſence tout ce que ie com-
mettray contre la profeſſion du Chriſtianiſme. Ie deſire qu'ils me veillent,
& qu'ils examinent mes actions pour
t'en faire vn fidelle rapport , me ſou-
mettant au chaſtiment que tu me voudras impoſer , ſi ie contreuiens aux loix
de mon Bapteſme; ne fais donc point de
difficulté de m'accorder cette grace, qui
doit non ſeulement profiter à mon ame,
mais qui doit encore donner lumiere à la
nation des ȣtakȣamiȣek , qui ſont diſtans
de ce lieu de dix iournées. Mon frere iadis Capitaine de Tadouſſac m'ayant inſtruit des veritez , dont tu nous as parlé,
i'en ay fait le recit à ces peuples qui ſont
mes alliez. Ie les ay eſpouuantez par
les peines d'Enfer, ie les ay conſolés par
les delices dont ioüyſſent les Chreſtiens
au Ciel , ie les ay fait prier Dieu , ils
m'ont teſmoigné vn grand deſir d'eſtre
inſtruits ; baptiſe-moy donc, mon Pere,
nous les irons voir l'Eſté prochain tous

deux enfemble. Il ne falloit pas écon-
duire vn fi bon cœur.

CHAPITRE XIII.

De la venuë d'vn Hiroquois en France,
et de fa mort.

IL femble bien à propos de dire deux
mots de la vie de cét Hiroquois, deuāt
que nous parlions de fa mort. L'an 1645.
vne troupe d'Hiroquois venāt en guerre
fur le grand fleuue de Saint Laurens, fut
aperceuë par vne petite efcoüade de nos
Sauuages, qui s'en alloient à la chaffe de
leurs ennemis. Le Capitaine de nos Algō-
quins nommé Simon Piefkaret, ayant dé-
couuert le premier ces Auāturiers Hiroquois, leur dreffa vne embufcade fi à propos, qu'il les défit. L'Hiroquois dont nous
parlons & vn fien camarade furent faits
prifonniers en ce combat. Pieskaret les
amena tous deux viuās, fans les auoir ou-
tragez, côtre leur couftume, & les prefen-
ta à Monfieur le Cheualier de Montma-
gny Gouuerneur pour lors de tout le païs,

Comme les Hurons luy auoient defia donné vn prifonnier de la mefme nation, il
voulut fonder fi par le moyen de ces prifonniers, les Hiroquois feroient capables
d'vn bon traité de paix, afin de reünir tous
ces peuples qui fe déchirent, & qui fe de-
uorent d'vne eftrange façon. Le fuccez
parut fort heureux, l'vn des trois prifonniers fut renuoyé en fon païs auec des paroles, ou pluftoft auec des prefens, qui in-
uitoient cette nation à la paix. Ils enuoye-
rent deux Ambaffadeurs fur ce fuiet défla
mefme année, & la fuiuante 1646. la paix
fut entierement concluë, & nos prifonniers renuoyez libres en leur païs. Celuy
dont il s'agit, homme d'efprit, & puiffant
de corps ayant veu les prefens que Monfieur le Gouuerneur auoit fait pour fa de-
liurance, remporta auec foy vn amour &
vn defir de recognoiffance enuers les
François difant qu'il leur eftoit redeuable
de fa vie, comme il eft veritable. Car fi
Monfieur le Cheualier de Montmagni ne
fe fuft entremis dans cét affaire, les Algonquins l'auroient bruflé & mis en pieces.

La mefme année 1646. qui vit la naiffance de la paix, en vit auffi la mort. Le
Pere Ifaac Iogues eftant allé au pays de

ces Barbares auec vn ieune François, y fut
tué au mois d'Octobre; noſtre Hiroquois
voyant qu'on le vouloit mettre à mort, s'y
oppoſa; il n'y gagna rien qu'vn coup de
hache qu'il receut ſur le bras, l'ayant pre-
ſenté deuant le pere pour le mettre à couuert. Ce coup receu par charité, fut peut-
eſtre le coup de ſa predeſtination; car il
eſt bien croyable, que ce bon Pere eſtant
au Ciel, a obtenu de noſtre Seigneur le
ſalut de ſon ame, en reconnoiſſance du
ſalut qu'il auoit voulu conſeruer à ſon
corps. La mort du Pere Iogues & la ruptu-
re de la paix fut chachée aux François
& aux Algonquins tout l'Hyuer; mais au
Prin-temps de l'année ſuiuante 1647. la
perfidie des Hiroquois éclata par le meurtre de quantité de nos Chreſtiens ſurpris
par ces traiſtres.

Noſtre Hiroquois ne fut point de la
partie, il ne vint point en guerre auec ſes
compatriotes, neſe pouuant reſoudre de
combattre ceux qui luy auoient donné
la vie; mais enfin eſtant venu l'an 1648.
aſſez proche de l'habitation des François
nommée les Trois riuieres, pour chaſſer
aux Caſtors, & ayant apperceu vne chalouppe conduitte par des François, il ſe

preſenta ſur le bord du grand fleuue, il
crie, il appelle, il fait ſigne qu'on le vienne
querir: les François le voyant ſeul l'abordent, & le reçoiuent dans leur vaiſſeau;
vn Huron pris en guerre & deuenu Hiroquois parmy eux, ſortant du bois, &
voyant qu'on emmenoit ſon camarade,
fait ſigne qu'il le veut ſuiure: on l'embar-
que auec l'Hiroquois, & on les mene tous
deux au Capitaine des Trois riuieres: Ils
auoient trois autres compagnons qui parurent quelque temps apres : on taſcha
bien de les ſurprendre; mais la defiance les
fit éuader, excepté le plus foible qui ayant
eſté attrapé par vn Algonquin, fut mis à
mort ſur la place.

Le Huron deuenu Hiroquois, interro-
gé par nos Truchemens, dit tout librement
qu'il auoit deſſein, ſa chaſſe aux Caſtors
eſtant faite, de chaſſer aux Algonquins,
& qu'il en auroit pris ou tué quelqu'vn,
s'il en eut rencontré à ſon auantage. Pour
noſtre Hiroquois, il proteſta que depuis
le moment que les François luy auoient
donné la vie, il auoit touſiours porté dans
ſon corps vn cœur François, qu'il s'eſtoit
oppoſé à ceux qui auoient tué le Pere
Iſaac Iogues, qu'il auoit receu au bras le

premier coup qui fut déchargé fur ce bon Pere, il monftroit la marque. I'ay tousiours eu la penſée, difoit-il, de vous donner auis de la trahifon de mes compatriotes, ie ne l'ay pû faire qu'à prefent que ie me fuis ietté entre vos bras. Sa iuſtification ne fut pas receuë, la fourbe des méchans rend les innocens coupables, on luy met les fers aux pieds comme à vn traiſtre.

Quelque temps apres, deux canots remplis d'Hyroquois furent découuerts en pleine nuĩَ fur la grande riuiere; la fentinelle en ayant donné auis au Caporal, on fit monter noſtre Hyroquois fur vn baſtion, il crie à pleine teſte, fes gens luy répondent, ils parlent enfemble en langue Hiroquoife; & pour conclufion, on enuoye vne cháloupe vers ces deux canots qui amena au fort vn autre Hiroquois; en voyla deux entre les mains des François, qui donnerent le nom de berger au premier venu, pour le diſtinguer des autres; il fut le lendemain enuoyé vers vne troupe de fes Gens qui eſtoient en armes au de là du grand fleuue, d'où il reuint accompagné de deux autres, aufquels on mit les fers aux pieds, auffi bien qu'à leurs

camarades . Il eſt vray qu'on deliura le
berger de ces entraues, pour ce qu'on ne
creut pas qu'ayant amené les autres , il
oſaſt éuader ſans eux. Quelques iours
apres , d'autres bandes d'Hiroquois pa-
roiſſant à tous momens, il fit ſi bien que
deux de ſes compatriotes ſe vindrent encore jetter dedans les fers : ce procedé
donnoit de l eſtonnement, quelques vns
l'attribuoient à l'amour qu'il portoit aux
François, d'autres le prenoient pour vne
trahiſon ſecrette qu'il pretendoit faire
reüſſir en ſon temps; quoy qu'il en ſoit, ces
oyſeaux s'ennuyans d'eſtre ſi long-temps
en cage , trouuerent le moyen de s'enuo-
ler, nonobſtant leurs fers, & leurs gardes;
le ſeul berger dont nous parlons, reſta parmy les François, les autres s'eſtans ſauuez
aſſez adroitement.

On fut bien en peine de ce qu'on feroit
du pauure homme ; les vns le vouloient
faire mourir comme vn traiſtre, d'autres
diſoient que s'eſtant rendu à nous de bonne foy, on ne pouuoit pas le condamner
à mort ſur de ſimples ſoupçons de trahiſon; enfin on jugea qu'il eſtoit à propos
de l'enuoyer en France, de peur que s'il
venoit à ſe ſauuer, il n'emportaſt auec ſoy

vne trop grande connoiſſance du pays,
& de l'eſtat des François & des Algonquins. On le mit donc entre les mains
d'vn Pere de noſtre Compagnie qui re-
paſſoit pour les affaires de ces nouuelles
Egliſes.

Ils s'embarquerent à Kebek le dernier
d'Octobre, de l'an paſſé 1649. ils entrerent
dans le port du Havre de Grace le 7. de
Decembre; le Pere pendant cette trauer-
ſée appelloit ce pauure Hiroquois de
temps en temps; luy faiſant reciter ſes
prieres qu'il ſçauoit tres-bien, ayant eſté
inſtruit pendant ſon ſejour parmy les
François. Il auoit ſouuent demandé le
Bapteſme; mais l'incertitude du futur l'a-
uoit empeſché de receuoir vn ſi grand
bien; veu meſme qu'on luy vouloit donner vne plus grande inſtruction, & vne
plus grande connoiſſance de nos myſteres, & tirer de luy vne preuue plus aſſeurée de ſa bonne volonté.

Comme on l'enuoya de l'habitation
des Trois riuieres au port de Kebek, où il
ſe deuoit embarquer, il luy arriua vne
choſe tres-remarquable. Les ſoldats & les
Matelots qui eſtoient dans la barque,
ayant peur qu'il ne ſautât dans l'eau,

pendant

pendant la nuict, pour se sauuer à la na-
ge, & puis à la course dans les bois, le
lioient le soir fort estroitement, & le lendemain matin on le trouuoit libre & tout
delié; on le serra dauantage, & on redou-
bla ses liens les autres nuicts, en sorte
qu'on ne croyoit pas qu'il se pust en aucune façon dégager ; on le trouua nean-
moins encore tout libre & delié le lendemain matin : cela fit croire à ceux qui
estoient dans la barque, & qui ne l'enten-
doient pas qu'il estoit sorcier. Or mon qui
écris cecy, ayant appris ce qui s'estoit
passé; ie priay vn ieune homme, grand
amy de cét Hiroquois, de l'aller voir, &
de luy demander confidemment de quelle industrie il se seruoit pour se dégager
des liens dont il estoit si estroitement &
si soigneusement garotté: l'Hiroquois luy
répondit auec vne grande douceur &
auec vne presence d'esprit fort tranquil-
le, que se voyant si mal traité des François, desquels il auoit appris quelque connoissance de celuy qui a tout fait, il luy
addressoit ces paroles dans les peines &
dans les douleurs que luy causoient ses
liens. Toy qui as tout fait, tu sçais bien
que c'est à tort que les François me trai-
tent si rudement, me prenant pour vn

traiſtre, ie ne le ſuis pas, tu le ſçais bien, aye pitié de moy. Ayant fait cette priere mes liens, diſoit-il, tomboient d'eux-meſmes ſans que i'y apportaſſe aucune induſtrie. Dieu eſt aſſez bon pour faire vn miracle, pour ſauuer vne ame; quoy qu'il en ſoit les ſoldats François, vn chirurgien qui eſtoit dans la barque, & les matelots employerent leurs liens, leurs ligatures, & leur eſprit à garotter cét homme, & on le trouua touſiours délié ſans que les cordes fuſſent en aucune façon endommagées, mais pourſuiuons noſtre chemin.

Ce pauure Barbare eſtant arriué au Havre de Grace, & voyant d'vn coſté tout le port ſi remply de navires qu'ils ſe touchoient l'vn l'autre, & de l'autre tant de maiſons raſſemblées en vn meſme lieu, & conferant dans ſon eſprit ces grands vaiſſeaux auec leurs petits canots d'écorces, & ces maiſons auec leurs cabanes, il demeura deux heures ſans parler, tant il fut ſaiſi d'eſtonnement.

Au ſortir du Havre, le Pere le conduiſit à Dïeppe: il luy auoit donné des ſouliers à la Françoiſe; mais comme ceux dont on ſe ſert en ſon pays, ſont ſouples comme des chauſſons de tripot, ou comme de gros gands de Cerf, il ne pouuoit s'accom-

moder à noſtre chauſſure; il quitte ſes
bas & ſes ſouliers, & encore que le temps
fuſt froid & humide & les chemins tout
rompus; car c'eſtoit enuiron le 6. Decembre, il marchoit nuds pieds, & nuë teſte
auſſi leſtement qu'au milieu d'vn prin-
temps ou d'vn Eſté.

Vn rencontre en ce chemin accreut ſon
premier eſtonnement, il ſortit du Havre vn
iour de marché, & paſſa par diuers lieux és
iours de Feſtes, les chemins eſtoient tous
couuerts de monde: Comment, diſoit il, les
François ſont par tout; la campagne en eſt
pleine auſſi bien que les villes? cela luy faiſoit croire ce que quelques-vns diſent par
fois en riant aux Sauuages; qu'il y a autant
d'hommes en France que d'arbres dans
leurs grandes foreſts.

Les chemins eſtans fort gliſſans, ce
pauure Hiroquois ſe fit entorſe au pied,
& ſe foula le nerf, en ſorte qu'eſtant arriué à Dieppe, le Pere le logea à l'Hoſpital
pour le faire panſer. Les Religieuſes qui
gouuernent cette maiſon auec vne nette-
té, & vne charité rauiſſante, le receurent
& le firent panſer ſoigneuſement; mais
comme le mal eſtoit aſſez fâcheux, le Pere voulant tirer droit à Paris, luy diſt qu'il
demeuraſt en repos en cette maiſon, ou

il eſtoit aymé , & qu'il le feroit venir',
quand il feroit guery, dans la ville où de-
meuroit ordinairement le grand Capitaine des François. Ce Sauuage voyant le
depart du Pere, qui eſtoit ſa ſeule & vnique connoiſſance, le voulut ſuiure, diſant,
que ſon pied ne luy faiſoit plus de douleur. Il ſe met donc en chemin , mais
il n'auoit pas fait vn quart de lieuë que
ſon pied & ſa jambe s'enflerent, en ſorte
qu'il auoüa qu'il ne pouuoit marcher. Retourne, luy dit le Pere, en la maiſon d'où
tu és party, tu ſeras receu auec charité,&
ie feray en ſorte qu'on te faſſe venir au
lieu où ie m'en vay quand tu pouras
marcher. Ce bon homme craignant de
prendre vne maiſon pour l'autre, &
voyant de loin vn François qui tiroit vers
la ville, pria le Pere de luy dire qu'ilpriſt
la peine de le conduire à l'Hoſpital,
car pour moy, diſoit il, ie ſuis ſourd &
muet en France, jay laiſſé ma langue &
mes oreilles en mon pays. Le Pere le mit
entre les mains de ce François qui le rédit
en la maiſõ de miſericorde, où il fut panſé
& ſecouru iuſques à ſon enriere gueriſon.

Il demeura plus d'vn mois dans cét
Hoſpital, où il donna vne telle édifica-
tion aux bonnes Religieuſes qui le gou-

uernent, qu'elles en écriuirent en ces termes. Mon Reuerend Pere, voicy sincerement ce que nous auons remarqué dans les deportemens du Sauuage Hiroquois que vous nous auez laissé, & que nous vous auons renuoyé.

Il nous a donné des marques d'vne grande pieté, comme il n'estoit que catechumene, il n'entendoit la Messe que iusques à l'Euangile; mais en se retirant de la Chappelle, il se mettoit à genoux en quelque petit coin, continuant ses prieres iusques à l'entier accomplissement du sacrifice, & cela tous les iours.

Il prioit souuent pendant le iour; mais il ne mãquoit point tous les matins à son leuer de s'aller presenter à Dieu, deuant l'autel, & d'y faire ses prieres; il manioit si souuent son Chappelet que nous croyons qu'il le disoit plusieurs fois pendant le iour.

Lors qu'on portoit le Saint Sacrement aux malades de l'Hospital, vous le voyiez aussi-tost à genoux; mais dans vne posture si deuote, qu'il touchoit les cœurs de tous ceux qui l'enuisagoient.

Enfin si on le vouloit réiouyr, il luy falloit parler du Baptesme; au moindre signe qu'on luy en donnoit, son visage paroissoit guay, il portoit des marques d'vn

L iij

esprit qui ne respiroit que ce bon-heur.

Il nous respectoit, disent les meres, auec vne modestie qui ne ressentoit rien du Sauuage : il estoit prompt à obeyr, tres-enclin à obliger, & à secourir ceux qu'il voyoit desirer de luy quelque seruice. Le feu s'estant mis dans quelque maison voisine de l'Hospital, il fit paroistre son courage, sa force, & son addresse, se trou-uant empesché dans des habits François, il se mit en calçon, & en vn moment grimpa sur les endroits les plus dangereux faisant plus luy seul que plusieurs ensemble

Il prenoit son repas, non en Barbare, mais en homme temperant; car encore qu'il fust grand & puissant, il mangeoit as-sez mediocrement, & receuoit ce qui luy estoit presenté, auec vne si grande recon-noissance, qu'on l'eut pris pour vne person-ne éleuée dans la ciuilité Françoise.

Il se diuertissoit quelquesfois auec les malades, ou auec les pauures de l Hospi-tal : mais tousiours auec vne si grande re-tenuë; qu'il ne mécontentoit personne, & iamais on n'a apperçeut en luy la moin-dre indecence, non pas mesme l'ombre d'aucune liberté indigne d'vn Chrestien, quoy qu'il ne le fust pas encore. Estant incommodé d'vn mal de gorge & d'esto-

mach, on le fit voir au medecin qui ne jugea à propos d'y apporter aucun remede,
veu que le mal se gueriſſoit petit à petit?
mais ſi-toſt qu'il eut appris que le Reuerend Pere qui l'auoit amené en France, le demandoit à Paris, il ne parla plus
de ſon mal: ſa joye fut ſi grande qu'il ne
ſe mit guere en peine, ny de remedes,
ny de medecin : il prit congé de nous &
de nos malades, nous laiſſant à tous vn
regret de ſon depart: tant il eſtoit mode-
ſte & de bonne humeur.

Il arriua à Paris, enuiron le 20. Ianuier,
le Pere qui l'auoit conduit ſur mer le re-
çeut auec joye, & luy demanda s'il eſtoit
bien gueri. Ie ne ſçay ſi la crainte d'eſtre
vn autre fois ſeparé de luy, n'altera point
la ſincerité qu'ont les Sauuages en leurs
paroles; ou ſi la joye de le voir ne luy dé-
roboit point le ſentiment dé ſon mal:
quoy qu'il en ſoit, il témoigna qu'il eſtoit
en tres-bonne ſanté, & cependant il auoit
vne fievre qui luy a cauſé la mort : il demandoit inceſſamment à boire : le Pere croyant qu'il eſtoit alteré pour la fati-
gue du chemin luy en faiſoit donner, re-
commandant qu'on ne luy donnaſt que
de l'eau; mais les officiers des maiſons où
il le menoit, le voulans careſſer, luy don-

noient du vin iettant de l'huyle dans vn
brasier qui l'a consommé.

   Il fut logé dans la maison des nouueaux
conuertis par la faueur de madame la Mar-
quise d'Ost, où il trouua la vie & la mort
quasi tout ensemble; voicy ce qu'en ont remarqué ceux qui gouuernent cette maison
de charité.

   Le 22. Ianuier de cette annee 1650. nous
fut amenée par les Peres Iesuistes vn Hiroquois âgé peut-estre d'enuiron 35. ans:
encor qu'il fust indisposé il ne laissa pas
d'assister à tous les exercices de la maison,
& notamment aux prieres, où on recon-
nut qu'il auoit esté instruit; car dés la premiere fois qu'il entra dans la Chapelle,
il osta son chapeau, & se mit à genoux, tirãt
vn chapellet de sa pochette, auec lequel il
fit le signe de la Croix sur soy, sans qu'on luy
enseignast, sa modestie exterieure donnoit
vne grande marque des bons sentimens
de son cœur. C'est vn grãd mal de ne se pas
entendre les vns les autres, on ne pouuoit
pas luy demander ce qui luy faisoit mal;
enfin le quatriéme iour de son entrée dans
la maison, on vit bien qu'il ne se pouuoit
plus soûtenir, on le met au lict, on luy touche le poux, & on découure vne grosse fié-
vre qu'il auoit cachée iusques alors. Ceux

qui le vifitoient, ne luy pouuans parler que
par fignes, formoient fur eux le figne de la
Sainte Croix, éleuans par apres les mains
au Ciel, pour luy donner fuiet d'y porter fon
cœur: il entendoit fort bien ce langage, fai-
fant les mefines chofes auec tant d'affection
qu'il fembloit foulagé de fon mal.

Ce bon hôme appelloit toufiours l'Ecclefiaftique de la maifõ par le nom de Mõfieur
qu'il auoit appris cõuerfant auec les Frãçois
fi quelque autre fe prefentoit pour luy rẽdre
quelq; feruice, il détournoit fa face, repetãt
céte parole Mõfieur, & quãd le Preftre l'a-
bordoit, il ne pouuoit exprimer fon defir ny
produire fa penfée. Chacun luy portoit cõ-
paffion; on a iugé depuis & auec raifõ qu'il
vouloit demander le Baptefme; mais cõme
on ne l'entendoit pas, il faifoit fouuẽt venir
le Preftre, croyãt que le voyãt fi bas, il le ba-
ptiferoit. Le Pere qui l'auoit amené, l'alloit
vifiter de tẽps en temps, & l'affeuro it qu'il
feroit baptifé; mais la crainte qu'il auoit de
mourir fãs ce bon-heur luy faifoit demãder
l'Ecclefiaftique. Enfin le mal redoublant,
ceux de la maifõ s'afsẽblerẽt à l'étour de sõ
lict pour voir fi on luy accorderoit cette faueur : quelques-vns affeuroient qu'il étoit
tẽps; d'autre difoiẽt que la force qu'il faifoit
encore paroiftre, eftoit vn indice qu'il n'ef-

toit pas voifin de la mort; on termina cette
côteftation par vn *Veni creator*, pour demãder lumiere au S. Efprit de ce qu'on deuoit
faire. A peine eut-on acheué la priere, qu'il
fut faifi d'vne côuulfiõ fi violéte, qu'on prit
refolution de le baptifer tout fur l'heure :
on croyoit qu'il eut perdu le iugemẽt; mais
il fit bien paroiftre le contraire; car la violẽ-
ce du mal l'ayãt ietté hors du lit, on recõnut
qu'il s'efforçoit nonobftant fa foibleffe, &
nonobftant fes grandes fouffrãces, de couurir fa nudité; & quand il vit le Preftre reue-
ftu d'vn Surplis & d'vne Eftole auec l'eau
en main, fe doutãt bien qu'on luy alloit dõ-
ner l'accompliffemẽt de fes defirs, il fe tint
en repos arreftãt la fureur de fon mal: on vit
fon vifage tout rẽply de ioye, le Pere qui en
auoit foin auoit couché fur le papier quelques actes de cõtritiõ en lãgue Hiroquoife,
afin qu'õ luy fuggeraft de temps en temps,
notãment fi on eftoit contraint de le baptifer en fon abfence: on prononça ces paroles
deuant luy pour l'exciter à demãder pardõ
à Dieu, il les repetoit auec deuotion & auec
fentimẽt, faifãt d'autres prieres de luy-mé-
me qui rauiffoiẽt tous les affiftans; il s'efforçoit de leuer les mains au Ciel, il baifoit le
Crucifix; en vn mot on le baptifa fur les 8.
heures du foir, & demie heure apres fõ ame

purifiée dans le Sang de l'Agneau s'enuo-
la au Ciel, ce qui obligea ceux qui estoiét
presens de reciter, non pas vn *Libera*, mais
le Pseaume, *Laudate Dominum omnes Gen-
tes*, en action de graces d'vne faueur si si-
gnalée; voila ce qu'en ont écrit, & ce
qu'en ont raporté de bouche ceux qui ont
esté témoins oculaires du bon-heur d'vn
Hiroquois, qui auoit peut-estre mangé
sa part de plus de cinquante hommes.

Ie croyois que ce Chapitre concluë-
roit la Relation de cette année, mais le
P. Hierôme Lallemant estant retourné
de la nouuelle France par le dernier vais-
seau, & n'ayant pas rencontré à Paris
nostre R. P. Prouincial, nous couche-
rons icy la lettre qu'il luy a enuoyée pour
luy rendre compte des missions qu'il a si
long-temps gouuernées en ce bout du
monde.

LETTRE DV P. HIEROSME
Lallemant, au R.P. Claude de Lingendes, Prouincial de la Compagnie de IESVS en la Prouince de France.

MON R. P.

PAX CHRISTI.

V. R. aura defia appris, par le retour des premiers vaiffeaux, la fuite des defaftres, & du débris de la Miffion Huronne, caufée enfin par la furie des Hiroquois. La Relation qu'en enuoye le P. Paul Ragueneau, groffie de quelques Chapitres des Miffions plus voifines de Kebec ; fait voir le détail, & le particulier de ces mal-heurs. Nos yeux & nos cœurs, voyans & fentans ces coups de la main de Dieu, n'ont que cette repartie. Il eft le fouuerain Seigneur de fes ouurages, & le Maiftre de nos petits deffeins conceus pour fa gloire, c'eft à nous d'agréer fes ordres, & de n'improuuer iamais ce qu'il fait.

Il ne fçay comme il eft venu en la penfée de nos Peres, qu'il eftoit à propos que ie repaffaffe la mer, pour contribuer au remede de nos malheurs : y ayant en France tant de perfonnes capables d'y trauailler fans moy ; s'il n'y eut eu autre confideration, j'euffe eu bien de la peine de quitter la nouuelle France : Mais leur defirs joints aux intentions de V. R. que i'ay prefumées, m'y a fait enfin refoudre. I'ay laiſſé le gouuernail entre les mains de celuy qui auoit conduit ſi courageu-ſement l'Egliſe Huronne dans ſes combats, & ſauué ſi à propos les reliques ou les reſtes de cette pauure Miſſion.

Ie ſuis donc party de Kebec le 2. iour de No-uembre de la preſente année 1650. & ſuis arriué au Havre de grace, le 3. de Decembre, en la com-pagnie du P. François Braſſany, & de noſtre Frere Iean Ligeois. C'eſt à Dieu de donner les remedes que nous cherchons à nos miſeres ; & à nous de prier ſa diuine Majeſté que nos fautes & nos man-quemens ne diuertiſſent point ſa benediction dont nous auons ſi grand beſoin.

En attendant ce qu'il luy plaira d'en ordon-ner, ie croy que V. R. aura pour agreable que ie luy faſſe part des ſujets de conſolation qui ſoula-gerent vn petit mon ame au depart du pays, & que ie luy declare l'eſtat auquel ie l'ay laiſſé.

Arriuant au pays il y a douze ans, ie n'y ren-contray qu'vne ſeule famille Huronne Chreſtien-ne ; & deux ou trois qui compoſoient l'Egliſe Al-gonquine, & Montagneſe ; & voila qu'au bout de ce temps ſortant du pays, à peine y laiſſe-je au-cune famille Huronne, Algonquine & Monta-gneſe qui ne ſoit entierement Chreſtienne, ſans parler des Nations circonuoiſines qui abordent de toutes parts en ces contrées, & de celles que nous allons chercher dans leurs demeures qui n'en promettent pas moins auec le temps.

Voire meſme ie ne puis oſter de mon eſprit que le temps n'eſt pas loin, que la porte s'ouurira de-rechef pour les Nations d'enhaut que nous auons quittées, & mon fondement eſt d'autant plus certain qu'il me ſemble appuyé ſur l'Euangile, qui nous aſſeure que deuant le jour du Iugement il faut que toutes les Nations de la terre ayent cognoiſſance de leur Redempteur, & que ſes Loix leur ſoient ſuffiſamment publiées, & ſelon le ſentiment de pluſieurs Docteurs par elles approuuées, & acceptées; de plus, comme Dieu ne fait pas ordinairement des miracles ſans neceſſité, il eſt croyable qu'il ſe ſeruira des perſonnes qui ont deſia la connoiſſance & l'habitude auec ces peu-

ſ, & l'vſage & le commerce de leur langue, cõ- autant d'inſtrumens proportionnez à ſon ou- uage : cela nous doit eſtre vne grande conſolation, & vn grand renfort de patience pour attendre le temps & les momens ordonnez par la diuine ſageſſe, & par la diuine bonté.

Vn grand Sainct diſoit autresfois que l'eſperance d'vne vie immortelle, eſtoit la vie d'vne vie mortelle; & ie puis dire, ce me ſemble, auec quelque raiſon, & à ſon imitation que l'eſperance de donner vne vie immortelle, eſt la vie de la vie mortelle des pauures Miſſionnaires, qui ont gouſté combien il eſt doux de voir ſortir de cette vie des ames qui leur doiuent en quelque façon leur bon-heur eternel.

Il me ſemble que ce qui s'eſt paſſé aux Hurons n'a eſté qu'vne petite commiſſion de la part du Ciel pour la conuerſion & pour le Bapteſme de dix ou douze mille ames; laquelle acheuée, on nous donne vn peu de relaſche pour atrendre auec quelque repos de nouueaux ordres.

La seconde chose qui m'a extrémement consolé , est la belle disposition dans laquelle i'ay laissé nos Peres & nos Freres , & mesme nos domestiques qui ne m'ont demandé autre faueur pour tous les trauaux & pour les dangers du passé, qu'vne permission & vne asseurance de retourner dans les mesmes emplois & dans les mesmes occasions, lors que Dieu en auroit rendu le chemin libre: l'aduouë que l'air & la generosité auec laquelle ils me l'ont demandée, m'a touché, & m'a fait conceuoir que Dieu auoit quelque dessein qui causoit ces belles dispositions qu'ils ont signalé, & seellées de leur propre sang ; qu'il en soit loüé à iamais, & qu'il luy plaise auancer ces heureux momens qui feront des Martyrs & des Confesseurs nouueaux dans l'Eglise de Dieu : les Peres que i'ay laissé pour les emplois des Missions & fonctions de Kebec, & de ses appartenances, sont au nombre de 19. ou 20. le reste a repassé en France par les premiers vaisseaux, & par ce dernier au nombre de huict, touts bien resolus de retourner au combat au premier signal de la trompette, n'y ayants pas pour le present de viures ny d'employ suffisant pour eux dans le pays.

La 3. est l'ouuerture que Dieu nous a fait dés à present des Missions nouuelles d'icy bas : le P. Gabriel Druilletes apres auoir passé quatre Hyuers en diuerses missions auec les Sauuages , est allé passer le cinquiéme auec les Abnaquiois qui le sont venus querir auec beaucoup de témoignages d'affection enuers leur Patriarche (comme ils l'appellent) & enuers sa doctrine : Dieu peut-estre tirera plus de bien de ce voyage que nous ne penſons pas;nous auons receu letres de luy, depuis qu'il y eſt arriué qui nous donnent ſujet d'en beaucoup eſperer.

Le P. Charles Albanel ſemble vouloir aller ſur les pas & ſur les veſtiges, eſtant party deuant mon depart pour ſon premier hyuernement auec les Sauuages montagnets.

Les Atticamegues ou Poiſſons blancs qui ſont vne nation du Nord des plus conſiderables, ne ceſſent de preſſer qu'on les aille voir en leur pays; ce qui ne leur a pû eſtre accordé par le paſſé, faute de monde, maintenant que nous en auons à ſuffiſance, on ne manquera pas d'y aller au premier Printemps, ſi l'Hiroquois ne ſe jette à la trauerſe.

Ceux du Saguené, autre nation du Nort, ſont dans la meſme affection. on y a deſia fait trois voyages; j'en eſpere beaucoup auec le temps, & ainſi voila dequoy nous occuper, attendant les temps & les momens de la diuine Majeſté pour de nouuelles conqueſtes.

Le quatriéme ſujet de conſolation que ie voyois dans ce pauure pays deſolé eſt le courage, & la generoſité de nos Religieuſes, tant Hoſpitalieres qu'Vrſulines, qui jouyſſant de nos débris par l'eſtabliſſement de la Colonie Hurone proche de leurs Monaſteres, qui leur ſeruent de Paroiſſe & de retraite, tant pour les malades que pour les ſains, ſe trouuent heureuſes de jouyr de la plus haute fonction & du plus precieux exercice de leur vocation, c'eſt vne des eſperances que j'ay de la conſeruation du pays, ne pouuant penſer que Dieu abandonne des ames de cette nature ſi ſaintes & ſi charitables; il me ſemble que tous

les

les Anges du Paradis viendroient pluftoft à leur
fecours, fi tant eft, que les hommes de la terre
manquaffent de procurer leur conferuation en ce
nouueau monde.

Le cinquéme fujet de confolation, eft la bonne difpofition dans laquelle j'ay laiffé M. d'Ail-
lebouft, nôtre Gouuerneur, de faire fon poffible
pour obuier aux maux qui nous enuironnent. &
pour contribuer à l'auancement de toutes ces belles efperances. Ie prie Dieu de benir le tout, & de
faire en forte que la France foit en eftat de faire
vn echo qui multiplie nos vœux & nos efperances
au delà de toutes nos attentes.

Voila mon R. P. ce que j'auois à dire pour le
prefent à voftre Reuerence; refte que ie la prie
que nous ayant affifté iufques icy de fes faints fa-
crifices & de fes prieres, & de celles de toute la
Prouince, il luy plaife nous continuer ce bien, &
cette faueur en laquelle confifte noftre principa-
le refource & le plus vif de nos efperances.

De V. R.

Seruiteur tres-humble & tres-obeïffant
en noftre Seigneur,
HIEROSME LALEMANT.

LETTRE DE LA R. M.
Supérieure de l'Hospital de la Misericorde de Kebec en la Nouuelle France, à Monsieur N. Bourgeois de Paris.

Monsievr,

La paix de N. S.

Nous n'auons point eu cette année le bonheur de vos nouuelles, ie ne croy pas que pour cela vous ayez perdu la pensée ou l'affection de noftre petit Hofpital, & de nos pauures Sauuages toufiours affligez; chaque année a fa croix, cette derniere a la plus grande, qui eft la ruine du pays des Hurons par les Hiroquois qui l'ont bruflé, ou maffacré la plus part, & contraint les autres de s'enfuir & difperfer ça & là : quafi tous eftoient Chreftiens; ce font ceux que noftre Seigneur afflige, & en fait autant de victimes du Paradis : Tous les Peres, excepté deux de nouueau martyrifez, font defcendus icy à Kebec, partie font repaffez en France : voicy quatre cens de ces pauures Hurons Chreftiens refugiez à Kebec, & cabanez auprés de la porte de noftre Hofpital, où ils viennent à la faincte Meffe tous les iours; ie n'ay iamais rien veu de fi pauure ny de fi deuot; vne petite fagamité, c'eft à dire, vn potage de pois ou de bled d'Inde les paffe pour vn iour, & encor bienheureux d'en auoir, & bien-

heureux d'auoir moyen de leur en donner : Noftre petite falle des malades eft auffi pleine de
pauures foldats François bleffez au combat des
Hiroquois : vn feul a onze playes de coups d'ar-
quebuze dangereux, & ie croy auec cela qu'il
en rechapera, Dieu aydant : voyez fi ce n'eft
pas vn miracle d'y fubuenir auec fi peu de dro-
gues & fi peu de linge ; & auec tout cela, nous n'a-
uons touché que la moitié de ce que nous auons
accouftumé, & ie ne fçay encor ce que nous tou-
cherons à l'aduenir. Ie vous refpands mon cœur
& noftre petite mifere, que ie fçay qui vous touche ; au moins vous direz vn bon mot pour nous à
l'occafion, puis que defia vous auez tant fait par
le paffé pour cét ouurage. Ie vous recommande
donc cette petite Maifon . toutes mes tres-cheres
Sœurs vous faluent, & fe difent de tout le cœur
auec moy,

MONSIEVR,

Voftre tres-humble & obeïffante fer-
uante en Iefus-Chrift ;

MARIE DE S. BONAVENTVRE.

*De noftre Monaftere des Sœurs de
la Mifericorde de Kebec en la Nouuelle
France, ce 29. Septembre 1650.*

Extraict du Priuilege du Roy.

PAr grace & priuilege du Roy, il est permis à SEBASTIEN CRAMOISY, Marchand Libraire, Imprimeur ordinaire de sa Majesté, ancien Escheuin & Consul de la ville de Paris, d'imprimer ou faire imprimer: *La Relation de ce qui s'est passé aux Hurons, pays de la Nouuelle France depuis le premier de Ianuier 1649 iusques en l'année 1650. &c.* Et ce pendant le temps & espace de dix ans consecutifs. Auec deffenses à tous Libraires, Imprimeurs, & autres personnes de quelque qualité & condition qu'elles soient, d'imprimer ou faire imprimer ladite Relation, &c. sous pretexte de déguisement ou changement que l'on y pourroit faire, à peine de confiscation & d'amende portée par ledit Priuilege. Donné à Paris le 19. Decembre 1650. Signé, par le Roy en son Conseil,

CRAMOISY.

Permission du Reuerend Pere Prouincial.

NOvs Claude Delingendes, Prouincial de la Compagnie de IESVS en la Prouince de France, auons accordé au sieur SEBASTIEN CRAMOISY, Marchand Libraire, Imprimeur ordinaire du Roy & de la Reyne Regente, ancien Escheuin & Consul de cette ville, l'impression des Relations de la Nouuelle France. Fait à Blois ce huictiéme Decembre 1650.

CLAVDE DELINGENDES.